Horst Lichter

DIE LUST AM KOCHEN!

DA IST SIE WIEDER!

REZEPTE ZUM NIEDER-KNIEN!

Gräfe und Unzer

INHALT

„Kinders – die Hauptsache
am Kochen ist doch eins:
die Liebe!"

VORWORT

„Wozu der Mensch Lust hat,
dazu hat er auch Andacht."
(Deutsches Sprichwort)

Ihr lieben Menschen, ich glaube, ich weiß, was ihr manchmal denkt: Der Horst Lichter, der ist doch dauernd unterwegs. So oft im Fernsehen oder auf irgendeiner Bühne in Deutschland – wann hat der denn noch Zeit zum Kochen? Macht dem armen Kerl das überhaupt noch Spaß? Gute Frage!

Ich kann wirklich nicht gut flunkern, darum will ich wahrheitsgemäß antworten: Nein, leider koche ich nicht mehr so viel wie früher. Das ist schade, aber vielleicht ist das auch gut so, denn wo Schatten ist, da gibt es auch viel Licht. Gerade weil ich nicht mehr so viel Zeit habe, koche ich mit mehr Lust und Andacht als früher. Bewusster und genussvoller. Ich will meine kostbare Zeit nämlich nicht mit hastig gekochten Gerichten verbringen, sondern mit köstlichen, lustvoll und voller Herzensfreude zubereiteten Leckereien.

Am besten im Kreise der Familie und mit richtig guten Freunden. Am liebsten in der Küche, wo es gemütlich ist. Dazu ein guter Wein oder ein lecker Bierchen. Erlaubt ist, was gefällt.

Aber ich möchte nicht nur Zeit beim Kochen und Genießen haben. Ich möchte auch mehr Zeit beim Einkaufen verbringen. Ich möchte mir Zeit nehmen, auf dem Markt, beim Metzger oder an der Obsttheke im Supermarkt auch mal ein Schwätzchen zu halten – so oft treffe ich nette Menschen, die sich mit mir unterhalten wollen. Die, wie ich, neugierig geblieben sind, die wissen wollen, was da in ihrem Kochtopf schmort. Denn die Lust am Kochen ist für mich – wie alles, was ich im Leben tue – eine absolute Herzenssache.

Mit diesem Buch möchte ich euch einladen, mit mir einzukaufen, zu kochen und nach Herzenslust zu genießen. Ich würde mich freuen, wenn ihr meine Gedanken über den vernünftigen, natürlichen und menschlichen Umgang mit Lebensmitteln, tierischen Produkten und Tieren nicht als verschrobene Spinnerei abtut, sondern als Anregung, die Natur und ihre essbaren Kostbarkeiten als das zu begreifen, was sie sind: ein Geschenk von Mutter Erde, das wir hegen und pflegen müssen.

In diesem Sinne wünsche ich euch viel Lust, Spaß und Genuss mit diesem Buch und meinen Lieblingsrezepten.

HORST
AUF DEM BAUERNMARKT

Das Schönste an meinem Beruf sind die Menschen, die ich jeden Tag kennenlernen darf. Und mit den Menschen ist es oft wie mit dem Essen – die ehrlichen, einfachen ohne viel Firlefanz und Schnickschnack sind mir manchmal die liebsten. Diese Spezies Mensch trifft man zum Beispiel auf einem richtig schönen Bauernmarkt. Kleine Frage: Wann seid ihr das letzte Mal auf dem Markt gewesen? Als Koch muss man ja leider immer hetzen und hat so wenig Zeit. Aber wenn ich jetzt mal über einen Markt gehe, dann zelebriere ich das auch richtig. Dann freue ich mich schon abends wie Bolle und stelle mir sogar den Wecker.

HARTE ARBEIT BEI JEDEM WETTER

Denn für mich sieht ein perfekter Marktbesuch so aus: am besten an einem frühen Frühlingsmorgen, wenn die Sonne gerade aufgegangen und die Luft noch klar und frisch ist. Einfach herrlich! Dann schlendere ich von Stand zu Stand und unterhalte mich mit diesen wunderbaren Menschen, die hart arbeiten und in aller Herrgottsfrühe aufstehen, damit wir ihre frischen Eier, Kräuter, Kartoffeln und Gemüse kaufen können. Nicht nur an einem schönen Frühlingsmorgen, sondern auch, wenn es in Strömen regnet und bitterkalt ist. Diesen Menschen fühle ich mich nah, denn mit schwerer Arbeit kenne ich mich aus. Ich unterhalte mich auch gerne mit den Marktleuten über Gott und die Welt, höre zu, was sie erfreut oder ihnen Sorgen macht. Solche Gespräche sauge ich auf wie ein Schwamm, denn ich will immer wissen, wie der ganz normale Mensch denkt, damit ich mich von der Glitzerwelt des Fernsehens nicht einlullen lasse.

Und dann diese Gerüche! Thymian, Majoran und Basilikum duften um die Wette. Die Kartoffeln riechen nach unserer guten, alten Mutter Erde. Das Leben ist herrlich. Dann hole ich mir einen heißen Kaffee bei den Bäckersfrauen und starte meinen Rundgang: Ich probiere Äpfel, Radieschen, Honig oder einen Kanten frisches Landbrot. Überall gibt es etwas Leckeres zu entdecken! Knackigen grünen Spargel oder einen schneeweißen Blumenkohl, so groß wie ein Fußball.

Herrschaften, eine Sache stelle ich immer wieder fest: Frisches Gemüse gehört für mich zu einer guten Ernährung wie der Sicherheitsgurt zum Autofahren. Komisches Beispiel? Gar nicht, denn Gemüse ist genauso wichtig für das gesunde Überleben. Die Nährstoffe, Mineralien und Vitamine braucht unser Körper für eine ausgewogene Ernährung, aber leider ernähren sich die Leute kaum noch mit frischem Gemüse. Von den Kindern will ich gar nicht erst reden. Das ist doch schade, denn ich liebe frisches

Möhrengemüse mit Stampfkartoffeln. Den feinen Nussgeschmack von Wirsing. Scharfen Rettich zur Brotzeit. Gebratenen Blumenkohl mit Bratkartoffeln und Speck.

GANZ WICHTIG: FRISCHE KRÄUTER

Was bei mir immer nach einem Marktbesuch in der Küche steht, sind frische Kräuter. Kinders, wie schnell und einfach wird aus einem Töpfchen Basilikum, Olivenöl, italienischem Hartkäse und gerösteten Pinienkernen ein frisches, selbst gemachtes Pesto, das auf jeden Fall hundertmal leckerer schmeckt als das Fertigprodukt aus dem Supermarkt. So ein Pesto passt zu Nudeln, zu einem schmackhaften Tomätchen, zum Steak – und ich hau es mir sogar ab und zu ins Kartoffelpüree.

Ich kann es gar nicht oft genug sagen: Frische Kräuter sind einfach der Knaller und so vielseitig ein-

setzbar. Sie bereichern unsere Küche auf grandiose Art und Weise: Ihre ätherischen Öle bringen Duft, Schärfe, Frische und Würze an unsere Speisen und machen sie so wunderbar abwechslungsreich.

Rosmarinkartöffelchen, Rucola mit Parmesan zum Carpaccio, ein cremiges Brunnenkresse-Süppchen – oder ganz einfach für einen launigen Grillabend ein gutes Stück Butter in der Küchenmaschine zur Kräuterbutter veredeln. Ihr müsst ja nicht wie Alfons Schuhbeck gleich zur Kräuter- und Gewürzhexe werden. Aber was man mit den klassischen Kräutern alles Feines anstellen kann, gehört für mich zum kleinen Kücheneinmaleins.

EIN BISSCHEN GUTE ALTE ZEIT

Darum sind Bauernmärkte für mich auch ein Stück unverzichtbare Kultur. Hier nimmt man sich Zeit, hier reden die Menschen miteinander, probieren, prüfen und verkaufen ehrliche Produkte. Man trifft Freunde und Bekannte, sucht noch schnell einen Strauß Blumen aus für seinen Schatz und genießt die Vorfreude auf das Kochen. Gerade in einer Zeit, in der wir oft nach der Arbeit noch hektisch durch den Supermarkt hasten und dann doch nur wieder schnelle Küche mit Tiefkühlkost auf den Tisch kommt, möchte ich meinen geliebten Markt nicht missen. Denn schon meine Oma hat mir eine alte Volksweisheit beigebracht, die ich bis heute beherzige: „Horst, am Markt lernt man die Leute kennen!"

1

ALLES FRISCH VOM
BAUERNHOF

LECKER GESCHMORTE
MÖHRCHEN

1 Möhren waschen, putzen, schälen und der Länge nach halbieren. Die Orange heiß abwaschen und abtrocknen. Die Schale mit einem scharfen Messer oder einem Gemüseschäler sehr dünn abschneiden (ohne das Weiße). Orange halbieren und den Saft auspressen. Die Korianderkörner im Mörser grob zerstoßen.

2 Das Olivenöl in einer Kasserolle erhitzen. Möhren mit Orangenschale und Koriander darin etwa 1 Minute andünsten. Mit Zucker bestreuen und die Möhrchen leicht karamellisieren.

3 Mit Brühe und Orangensaft ablöschen und zugedeckt bei schwacher Hitze in etwa 15 Minuten weich schmoren. Die Kräuter waschen und trocken tupfen, Blättchen abzupfen und fein schneiden.

4 Unter die weich geschmorten Möhrchen die Kräuter und die Butter schwenken und mit Salz und Pfeffer würzig abschmecken.

ZUBEREITUNGSZEIT: 15 MINUTEN +
15 MINUTEN SCHMOREN

Zutaten
für 4 Personen

800 g junge Möhren
1 unbehandelte Orange
1 EL Korianderkörner
2 EL Olivenöl
1 EL Zucker
100 ml Geflügelbrühe
Je 2-3 Zweige Estragon
   und Minze
50 g Butter
Salz, Pfeffer

SPARGEL
IN DER FOLIE

1 Den Backofen auf 200 °C vorheizen. Den Spargel waschen und schälen, die holzigen Enden wegschneiden. Butter in einem kleinen Topf zerlassen.

2 Acht Bögen Alufolie (ca. 30 x 25 cm) bereitlegen. Vier der Bögen auf der Arbeitsfläche ausbreiten und großzügig mit einem Teil der flüssigen Butter bepinseln. Salz, Pfeffer und etwas Zucker daraufstreuen. Auf jeden Bogen etwa 10 Spargelstangen zu einem kompakten Päckchen legen. Diese mit der restlichen flüssigen Butter beträufeln und wiederum mit Salz, Pfeffer und etwas Zucker würzen. Die Zitrone heiß waschen und abtrocknen. Zitronenschale über den Spargel reiben.

3 Den Spargel mit jeweils einem Bogen Alufolie abdecken. Die beiden aufeinanderliegenden Bögen an den Rändern miteinander luftdicht verfalzen.

4 Die vier Päckchen nebeneinander auf ein Backblech legen und dieses in die unterste Einschubleiste des heißen Backofens schieben. Spargel im Ofen in etwa 20 Minuten weich schmoren.

ZUBEREITUNGSZEIT: 20 MINUTEN + 20 MINUTEN SCHMOREN

Zutaten
für 4 Personen

Etwa 40 Stangen weißer
   Spargel (etwa 2 kg)
100 g Butter
Salz, Pfeffer
Etwa 2 EL Zucker
Schale von 1 unbehandelten
   Zitrone

SCHMOR-GURKEN
IN SENF-DILL-RAHM

1 Gurken schälen und der Länge nach halbieren. Die Kerne mit einem kleinen Löffel auskratzen. Gurkenhälften in etwa 2 cm breite Stücke schneiden.

2 Dillblätter abzupfen und hacken. Schalotten schälen und fein würfeln. Die Butter in einer breiten Pfanne zerlassen und die Schalotten mit den Gurkenstücken bei mittlerer Hitze darin anschwitzen. Mit Mehl bestäuben, mit dem Wein ablöschen und mit Brühe und Sahne aufgießen.

3 Die Hitze reduzieren und die Gurken 6–8 Minuten offen leise kochen lassen. Senf und Dill unterrühren und die Schmorgurken mit Salz und Pfeffer würzig abschmecken.

ZUBEREITUNGSZEIT: 15 MINUTEN + 6–8 MINUTEN SCHMOREN

Zutaten
für 4 Personen

2 Schmorgurken
1 Bund Dill
2 Schalotten
50 g Butter
2 TL Mehl
75 ml Weißwein
100 ml Gemüsebrühe
125 g Sahne
2 EL körniger Senf
Salz, Pfeffer

Übrigens...
Die ideale Begleitung?
Ein schönes, goldbraun gebra-
tenes Stück Lachs, was sonst!

GESCHMORTE OFENTOMATEN
ALLA CARBONARA

1 Zwiebel schälen, fein würfeln und in 2 EL heißem Olivenöl in einem breiten Topf anschwitzen. Nudeln zufügen und kurz mit anschwitzen. Die Brühe dazugießen und alles unter gelegentlichem Umrühren in etwa 12–14 Minuten bei mittlerer Hitze bissfest garen. Die Eigelbe in einer kleinen Schüssel verquirlen und zusammen mit Erbsen, Parmesan und Sahne unterrühren. Den Topf vom Herd nehmen und alles kräftig mit Salz und Pfeffer würzen.

2 In der Zwischenzeit den Backofen auf 200 °C vorheizen. Tomaten waschen. Das obere Viertel der Tomaten wie einen Deckel abschneiden. Tomaten vorsichtig mit einem Löffel aushöhlen.

3 Fertig gegarte Nudel-Mischung in die Tomaten füllen, Deckel aufsetzen. Jede gefüllte Tomate mit 1 Scheibe Speck umwickeln. Die Tomaten nebeneinander in eine Auflaufform setzen, restliches Olivenöl darüberträufeln und alles kräftig mit Salz, Pfeffer und Zucker würzen. Die Tomaten im Backofen 20–25 Minuten schmoren.

ZUBEREITUNGSZEIT:
40 MINUTEN + 14 MINUTEN GAREN +
25 MINUTEN SCHMOREN

Zutaten
für 4 Personen

1 Zwiebel
6 EL Olivenöl
150 g kurze Makkaroni
400 ml Geflügelbrühe
3 Eigelb
100 g aufgetaute TK-Erbsen
75 g frisch geriebener Parmesan
100 g Sahne
Meersalz, Pfeffer
8 Strauch- oder Fleischtomaten
8 Scheiben Frühstücksspeck
1 Prise brauner Zucker

IN CURRY-HONIG-BUTTER GESCHMORTE PASTINAKEN

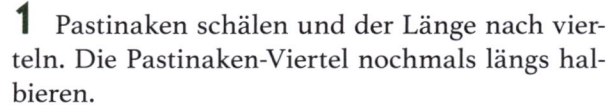

1 Pastinaken schälen und der Länge nach vierteln. Die Pastinaken-Viertel nochmals längs halbieren.

2 2 TL Currypulver in einem heißen Pfännchen unter regelmäßigem Umrühren etwa 1 Minute rösten. Das geröstete Currypulver zusammen mit Butter und Honig in einen breiten Topf geben und etwa 1 Minute kochen lassen.

3 Die Pastinaken hinzufügen und zugedeckt bei mittlerer Hitze in etwa 20 Minuten weich schmoren.

4 In der Zwischenzeit den Ofen auf 200°C vorheizen. Speckscheiben in größere Stücke schneiden, auf einem mit Backpapier belegten Backblech verteilen und im heißen Backofen in etwa 10 Minuten goldbraun und knusprig rösten. Das Meersalz mit ½ TL Curry vermischen.

5 Die geschmorten Pastinaken auf eine Servierplatte geben, Speckstücke darüber verteilen und alles mit der Meersalz-Curry-Mischung bestreuen.

ZUBEREITUNGSZEIT: 20 MINUTEN + 20 MINUTEN SCHMOREN

Zutaten
für 4–6 Personen

800 g Pastinaken
2,5 TL Currypulver
100 g Butter
75 g Honig
100 g Frühstücksspeck
in dünnen Scheiben
2 TL Meersalz

HORST
UND DIE GUTE KARTOFFEL

Ich liebe Kartoffeln. Sie sind aus meiner Küche nicht wegzudenken. Die vielen Gerichte, die durch die Kartoffel veredelt werden, sind längst Klassiker und haben bis heute jeden modischen Trend überstanden: „Himmel un Äd" aus meiner rheinischen Heimat, das legendäre Wiener Schnitzel mit lauwarmem Erdäpfelsalat oder die Berliner Kartoffelsuppe – um nur ein paar zu nennen.

ICH LIEBE KARTOFFELPÜREE!

Aber wer mich wirklich kennt oder schon mal in einer meiner Live-Shows war, der weiß noch mehr über meine große Liebe Kartoffeln! Denn ich würde sogar so weit gehen und mich an dieser Stelle eindeutig und mit ganzem Herzen festlegen: Ich liebe vor allem Kartoffelpüree. Was gibt es Schöneres, als mit einer Gabel voll des herrlich frischen, fluffigen und köstlichen Kartoffelpürees durch ein leckeres, sämiges Bratensößchen zu pflügen? Das war schon als Kind für mich das größte Schlemmervergnügen. Herrschaften, Kartoffelpüree geht immer! Und wer es mal anders probieren will, der hebt einfach ein Löffelchen frisches Pesto unter! Herrlich! Oder verfeinert das Püree mit einem Schuss leckerem Olivenöl, frisch gehacktem Rosmarin und schwarzem Pfeffer. Mehr braucht es manchmal gar nicht, um meine Geschmacksknospen zu erfreuen.

KINDHEITSERINNERUNG KARTOFFELFEUER

Als Kinder haben wir oft unter den wachsamen Augen unserer Väter im kalten Herbst bei anbrechender Dunkelheit ein Feuer gemacht und in die erlöschende Glut dann dicke Kartoffeln gelegt. Mit einem ordentlich angeschnitzten Stock haben wir die schwarzen Kartoffeln nach 15 endlosen Minuten aus der Asche gepiekst, mit dem Taschenmesser die sauheiße Schale abgeschabt und dann vorsichtig das köstlich dampfende Fleisch verputzt. Wenn ich nur an das wärmende Feuer, unsere aufgeregte Vorfreude und die leckeren Erdäpfel denke, wird mir warm ums Herz.

Leider hat die Kartoffel nicht immer den besten Ruf, ich erinnere hier nur ungern an verunglimpfende Sprachkreationen wie „Sättigungsbeilage"! Auch „Hausmannskost" klingt für viele nicht gerade nach Gourmetfreuden auf dem Teller – ganz zu schweigen von der unsinnigen Behauptung, Kartoffeln würden dick machen. Sicher, als frittierte, doppelte Pommes mit Mayo ist sie diätuntauglich – aber das liegt ja nicht an der Kartoffel! Wer sich jeden Abend eine Tüte Chips einverleibt, der braucht sich nicht zu wundern, wenn sich der Bauchumfang irgendwann in Richtung Braunkohlebagger verabschiedet. Die Kartoffel ist gesund, reich an Mineralstoffen und Vitaminen.

Kinders, für mich ist die Kartoffellage völlig eindeutig: Das Wort Kartoffel leitet sich von *tartufolo* ab, dem italienischen Wort für Trüffel. Und genau so kostbar und lecker ist mir die Kartoffel. Ich erinnere mich gerne an ein Sprichwort der alten Marktfrauen aus meiner Heimat: „Lorbeer macht nicht satt – besser, wer Kartoffeln hat."

GESUND, LECKER, ECHT

Und da ist viel Wahres dran. Von Ruhm und Protz allein kann ich nicht leben. Ich brauche das Bodenständige, Ehrliche und einfach Gute. Das erdet mich. In Zeiten, in denen die Gemüse- und Obsttheken voll sind mit exotischem Gemüse und sechs Sorten Paprika kann ich mich über ein Kilo bester Kartoffeln wie Bolle freuen. Am liebsten beim Bauern aus der Region gekauft. Dazu eine ordentliche Frikadelle aus der Pfanne, ein lecker Bierchen und meine Süße am großen Küchentisch. So einfach kann Glück für mich sein. So kenne ich es von zu Hause und so bleibt das auch bei mir.

GUTE ALTE SORTEN KAUFEN

Aber ich sehe auch mit Kummer, dass die moderne Kartoffel zwar schön aussieht, aber immer mehr an Geschmack verliert. Die großen Supermarktketten wollen preiswerte, polierte, formschöne und innen gelbfleischige Kartoffeln. Für den Geschmack ist das aber nicht die beste Lösung. Kartoffeln, die beim Bio-Bauern naturbelassen aus Sandböden wachsen und mit dreckiger, elefantenartiger Schale auf dem Markt verkauft werden, sehen zwar nicht schön aus, schmecken aber oft viel leckerer als die glatten, sauberen und mit zu viel Stickstoff gedüngten Kartoffeln aus Tonböden. Was lecker aussieht, ist eben nicht unbedingt geschmacklich besser.
Und so sterben viele der guten alten Kartoffelsorten langsam aus. Neulich sagte mir ein Bauer auf dem Wochenmarkt: Der Mensch täte gut daran, die Kartoffel einfach Kartoffel sein zu lassen. Die würden sich in den ach so praktischen Plastiktüten vielleicht nicht so lange halten wie die modernen, formschönen Superzüchtungen, aber der Geschmack sei unvergleichlich. Kinders, tut euch selbst einen Gefallen: Kauft auf dem Markt mal ein Kilo Kartoffeln. Guckt euch die Menschen an, die sie geerntet haben und verkaufen, bei Wind und Wetter. Diese Menschen sehen auch nicht poliert und formschön aus. Meistens sehen sie eher nach harter und ehrlicher Arbeit aus. Ihre Kartoffeln liegen lose auf dem Tisch oder in alten Körben. Dann seht und begreift ihr auch, woher die Kartoffel kommt. Aus der guten, alten Mutter Erde, aus dem Dreck. Diese Kartoffeln machen Arbeit, denn sie sind hart zu schälen. Sie sehen nicht perfekt aus. Aber sie schmecken zum Verlieben gut. Und was das Kartoffelschälen angeht: Ich mag es. Es ist wie bei uns Menschen. Manchmal ist es anstrengend und nicht einfach, an den guten Kern zu kommen, der sich unter der harten Schale des Lebens verbirgt. Aber eben der gute Kern entschädigt doch für jede Anstrengung. Wie sagte einst ein berühmter Dichter: „Wenn du Liebe hast, spielt es keine Rolle, ob du Kathedralen baust oder in der Küche Kartoffeln schälst." Hauptsache ist: Liebe!

2

KARTOFFELN –
DAS EHRLICHSTE GEMÜSE
DER WELT

KLASSISCHES KARTOFFEL-PÜREE

1 Einen Topf mit Dämpfeinsatz zu etwa einem Drittel mit Wasser füllen und zum Kochen aufstellen. Kartoffeln gründlich waschen, schälen, in Stücke schneiden und in den Dämpfeinsatz geben. Auf den Topf mit kochendem Wasser setzen und die Kartoffeln zugedeckt in etwa 30 Minuten weich garen.

2 Sahne und Milch in einem Topf aufkochen, mit Salz und geriebener Muskatnuss würzen.

3 Weich gedämpfte Kartoffeln noch heiß durch eine Presse in einen großen Topf drücken. Die Butter stückchenweise mit einem Spatel unterheben, danach die kochend heiße Milch-Sahne-Mischung zugießen und untermischen. Püree nochmals abschmecken.

ZUBEREITUNGSZEIT: 15 MINUTEN + 30 MINUTEN GARZEIT

Zutaten
für 4 Personen

800 g mehligkochende
   Kartoffeln
100 g Sahne
150 ml Milch
Salz, Muskatnuss
100 g Butter

**ZUBEREITUNGSZEIT:
25 MINUTEN +
30 MINUTEN GARZEIT**

KARTOFFEL-
PÜREE MIT WURST

Zutaten
für 4 Personen

600 g mehligkochende
    Kartoffeln
3–4 Zweige frischer
    Majoran
2–3 mittelgroße
    Zwiebeln
50 g Butter
150 ml Milch
Salz, Muskatnuss
200 g zimmerwarme
    feine Kalbsleber-
    wurst

1 Die Kartoffeln wie beim klassischen Püree dämpfen.

2 In der Zwischenzeit den Majoran waschen, die Blättchen abzupfen und hacken. Zwiebeln schälen, in dünne Scheiben schneiden und in 1 EL Butter in einer Pfanne goldbraun rösten. Den gehackten Majoran zufügen. Milch mit etwas Salz und Muskat zum Kochen bringen.

3 Die weich gedämpften Kartoffeln noch heiß durch eine Presse in einen Topf drücken. Die restliche Butter zufügen und mit einem Spatel unterrühren. Die kochend heiße Milch zu den Kartoffeln gießen und mit der Leberwurst untermischen. Das Püree nochmals abschmecken und die geröstete Zwiebel-Majoran-Mischung darauf verteilen.

KARTOFFEL-LAUCH-PÜREE

1 Die Kartoffeln wie beim klassischen Püree dämpfen.

2 In der Zwischenzeit den Meerrettich schälen und fein raspeln. Lauchgrün waschen, klein schneiden und in kochendem Salzwasser in etwa 1 Minute weich garen, anschließend in Eiswasser abschrecken. Lauch kräftig ausdrücken und mit dem geraspelten Meerrettich und der flüssigen Butter in einen Mixer geben und möglichst fein pürieren.

3 Die weich gedämpften Kartoffeln noch heiß durch eine Presse in einen Topf drücken. Milch mit etwas Salz und frisch geriebener Muskatnuss aufkochen und zu den Kartoffeln gießen. Mit dem Meerrettich-Lauch-Püree unterrühren. Püree abschließend nochmals abschmecken.

ZUBEREITUNGSZEIT: 20 MINUTEN + 30 MINUTEN GARZEIT

Zutaten
für 4 Personen

600 g mehligkochende Kartoffeln
50 g frischer Meerrettich
150 g Lauchgrün
100 g flüssige Butter
150 ml Milch
Salz, Muskatnuss

KARTOFFEL-PUFFER
MIT APFELKOMPOTT

Zutaten
für 4 Personen

4 Äpfel, z.B. Cox Orange
   oder Boskop
100 ml Apfelsaft
Saft von 1 Zitrone
150 g Gelierzucker 2:1
1 TL Zimtpulver
1 kg mehligkochende Kartoffeln
1 große Zwiebel
1 Bund Schnittlauch
2 Eier
100 g Mehl
50 g Kartoffelpulver für
   rohe Klöße (Fertigprodukt)
1 TL Salz
Pfeffer, Muskatnuss
Etwa 75 g Butterschmalz

1 Äpfel schälen und das Kerngehäuse entfernen. Das Fruchtfleisch in Würfel schneiden und mit Apfel- und Zitronensaft, Gelierzucker und Zimt in einen Topf geben. Die Äpfel bei mittlerer Hitze unter gelegentlichem Umrühren in etwa 10 Minuten zu einem Kompott einkochen. Im Kühlschrank auskühlen lassen.

2 Kartoffeln und Zwiebel schälen. Kartoffeln auf der feinen Reibe in eine Schüssel reiben. Schnittlauch abbrausen, trocken schütteln und in feine Röllchen schneiden. Zwiebel fein würfeln. Beides zusammen mit Eiern, Mehl und Kartoffelpulver unter die geriebenen Kartoffeln mischen. Die Masse kräftig mit Salz, Pfeffer und Muskat würzen.

3 In einer großen Pfanne bei mittlerer Hitze reichlich Butterschmalz erhitzen. Jeweils etwa 2 EL der Kartoffelmasse ins heiße Fett geben, zu einem Puffer formen und etwas flach drücken. Wenn die Puffer an den Rändern braun werden, wenden und auf der zweiten Seite fertig backen. Auf diese Weise aus der gesamten Kartoffelmasse portionsweise Puffer backen. Gebackene Puffer im etwa 100 °C heißen Backofen warm halten.

4 Die Kartoffelpuffer mit dem abgekühlten Apfelkompott servieren.

ZUBEREITUNGSZEIT: 45 MINUTEN

KARTOFFEL- SALAT

RHEINISCHE ART

1 Einen großen Topf Wasser zum Kochen aufstellen. Kartoffeln gründlich waschen. Das kochende Wasser salzen und den Kümmel zugeben. Die Kartoffeln darin in etwa 25–30 Minuten weich kochen. Kartoffeln abgießen und noch heiß pellen. Geschälte Kartoffeln etwas abkühlen lassen, in Scheiben schneiden und in eine große Schüssel geben.

2 Während die Kartoffeln kochen, die Essiggurken abtropfen lassen und in Scheiben schneiden. Äpfel waschen, vierteln, das Kerngehäuse entfernen. Die Apfelviertel in dünne Scheiben schneiden und mit Zitronensaft beträufeln. Eier in etwa 8 Minuten hart kochen, kalt abschrecken, pellen und längs in Viertel schneiden. Alle vorbereiteten Zutaten zu den Kartoffeln in die Schüssel geben.

3 Zwiebeln schälen, klein würfeln und im heißen Öl in einer Pfanne kurz anschwitzen. Mit Essig ablöschen, Brühe zufügen und etwas einkochen lassen. Die Mischung noch heiß zu den Kartoffeln geben. Senf und Mayonnaise locker unterheben. Salat mit Salz und Cayennepfeffer würzig abschmecken. Nach Belieben etwas Gartenkresse waschen, trocken tupfen und den Salat damit bestreuen.

Zutaten
für 4–6 Personen

1 kg kleine Salatkartoffeln
Salz
1 TL Kümmelkörner
2–3 mittelgroße Essiggurken
2 süß-säuerliche kleine Äpfel,
   z. B. Elstar
Saft von 1/2 Zitrone
3 Eier
2 mittelgroße Zwiebeln
3 EL Sonnenblumenöl
Etwa 3–4 EL Apfelessig
150 ml kräftige Fleischbrühe
1–2 TL Senf
150 g Mayonnaise
Cayennepfeffer
Nach Belieben Gartenkresse
   zum Bestreuen

ZUBEREITUNGSZEIT: 40 MINUTEN

KARTOFFEL-SALAT BADISCHE ART

1 Kartoffeln in einen Topf geben, knapp mit Wasser bedecken und mit 1 Prise Kümmel bei geschlossenem Deckel in etwa 25–30 Minuten nicht zu weich garen. Abgießen und etwas abkühlen lassen.

2 Kartoffeln pellen und in eine Schüssel hobeln. Zwiebeln schälen und fein würfeln. Die Butter in einer Pfanne zerlassen und die Zwiebeln darin 2–3 Minuten andünsten. Mit dem Essig ablöschen, Brühe dazugießen. Den Sud 3 Minuten bei schwacher Hitze leise kochen lassen. Senf und Öl unterrühren.

3 Die heiße Marinade über die Kartoffeln geben und alles gut vermischen. Salat mit Salz und Pfeffer abschmecken und mindestens 30 Minuten ziehen lassen. Mit Schnittlauchröllchen bestreut servieren.

ZUBEREITUNGSZEIT: 40 MINUTEN + 30 MINUTEN MARINIERZEIT

Zutaten
für 4–6 Personen

1 kg festkochende Salatkartoffeln
1 Prise gemahlener Kümmel
2 Zwiebeln
50 g Butter
75 ml Weißweinessig
Etwa 200 ml kräftige Brühe
1 EL mittelscharfer Senf
75 ml Sonnenblumenöl
Salz, Pfeffer
2–3 EL frische Schnittlauchröllchen

FELDSALAT
MIT KARTOFFEL-
DRESSING UND SPECK

Zutaten
für 4 Personen

150 g kleine mehligkochende
  Kartoffeln
Salz
200 g Feldsalat
150 g Frühstücksspeck,
  in dünnen Scheiben
2 Schalotten
75 ml Traubenkernöl
2–3 EL Weißweinessig
Etwa 100 ml Rinderbrühe
Cayennepfeffer
2 EL Kürbiskerne

1 Kartoffeln waschen und in reichlich Salzwasser in etwa 25–30 Minuten weich kochen.

2 In der Zwischenzeit den Feldsalat putzen, gründlich waschen und trocken schleudern.

3 Den Backofen auf 200 °C vorheizen. Speckscheiben in Stücke schneiden, auf einem mit Backpapier belegten Backblech verteilen und im heißen Backofen in etwa 10 Minuten goldbraun und knusprig rösten.

4 Kartoffeln abgießen, noch heiß pellen und durch eine Presse in eine Schüssel drücken. Schalotten schälen, fein würfeln und in 2 EL Öl etwa 3 Minuten anschwitzen. Mit Essig und Brühe ablöschen, zu den durchgepressten Kartoffeln geben und verrühren. Restliches Öl nach und nach unterrühren. Vinaigrette mit Salz und Cayennepfeffer abschmecken. Die Kürbiskerne in einer Pfanne ohne Fett rösten.

5 Feldsalat mit dem Dressing anmachen und mit Kürbiskernen und Speck bestreuen.

ZUBEREITUNGSZEIT: 45 MINUTEN

KARTOFFELKUCHEN
HIMMEL UN ÄD

Zutaten

für einen Kuchen von 26 cm Durchmesser (etwa 8-12 Portionen)

FÜR DEN TEIG:

250 g Mehl
100 g Butter
100 g Quark
1 Eigelb

FÜR DEN BELAG:

1 große Zwiebel
600 g mehligkochende Kartoffeln
Je 3 Zweige Majoran und
    Petersilie
50 g Butterschmalz
2-3 kleine fein säuerliche
    Äpfel, z. B. Elstar
250 g Blutwurst

FÜR DEN GUSS:

3 Eier
150 g Sahne
100 ml Milch
1 EL mittelscharfer Senf

AUSSERDEM:

Butter zum Ausfetten
Mehl für die Form und für
    die Arbeitsfläche
Salz, Pfeffer, Muskatnuss

1 Mehl mit Butter, Quark, Eigelb und etwas Salz zu einem glatten, geschmeidigen Teig verkneten. Den Teig in Folie wickeln. 1 Stunde kühl stellen.

2 Zwiebeln und Kartoffeln schälen. Zwiebel in feine Streifen schneiden, Kartoffeln grob raspeln. Kräuter waschen, die Blättchen abzupfen und hacken. Butterschmalz in einer Pfanne erhitzen, Zwiebeln und Kartoffeln darin in 6 Minuten glasig anschwitzen, salzen und pfeffern. Die gehackten Kräuter untermischen und abkühlen lassen.

3 Für den Guss Eier mit Sahne, Milch und Senf verquirlen. Mit Salz und Muskat würzen.

4 Äpfel waschen und schälen, das Kerngehäuse entfernen. Die Blutwurst pellen. Beides würfeln.

5 Ofen auf 180 °C vorheizen. Die Tarteform (26 cm Durchmesser) mit Butter ausfetten und mit Mehl ausstäuben. Teig auf einer bemehlten Arbeitsfläche etwas größer als die Form ausrollen. Die Form mit dem Teig auslegen, den Rand gut andrücken. Überstehenden Teig mit einem Messer wegschneiden. Abgekühlte Kartoffel-Zwiebel-Mischung darauf verteilen. Apfel- und Blutwurstwürfel daraufgeben, danach den Guss gleichmäßig darübergießen.

6 Kuchen auf der unteren Schiene im vorgeheizten Ofen in etwa 45 Minuten goldbraun backen.

ZUBEREITUNGSZEIT: 1 STUNDE + 45 MINUTEN BACKZEIT

PERFEKTE BRAT-KARTOFFELN

1 Die Kartoffeln gründlich säubern. Einen Topf mit Salzwasser und 1 Prise gestoßenem Kümmel zum Kochen aufstellen. Die Kartoffeln darin zugedeckt etwa 15 Minuten vorgaren (es macht nichts, wenn sie innen noch roh sind). Kartoffeln gut auskühlen lassen und pellen.

2 In der Zwischenzeit die Schalotten schälen und fein würfeln. Die Petersilie abbrausen und trocken schütteln. Die Blätter von den Stielen zupfen und fein hacken. Den Speck mit einem scharfen Messer fein würfeln.

3 Die gepellten Kartoffeln in etwa 5 mm dicke Scheiben schneiden. Butterschmalz in einer möglichst großen beschichteten Pfanne erhitzen und die Kartoffelscheiben darin in etwa 5 Minuten goldbraun anbraten.

4 Die Speckwürfelchen zugeben und unter regelmäßigem Schwenken der Pfanne anbräunen. Wenn der Speck goldbraun ist, die Schalotten zugeben und 2–3 Minuten mitbraten lassen.

5 Die kalte Butter in die Pfanne geben und die Bratkartoffeln damit glasieren. Kräftig mit Salz und Pfeffer würzen. Zuletzt die gehackte Petersilie unterschwenken.

ZUBEREITUNGSZEIT: 50 MINUTEN

Zutaten
für 4 Personen

800 g kleine bis mittelgroße
   festkochende Kartoffeln
Salz, Kümmelkörner
3 Schalotten
1/2 Bund glatte Petersilie
60 g durchwachsener Speck,
   in dünnen Scheiben
50 g Butterschmalz
50 g Butter
weißer Pfeffer

KARTOFFEL-BLINIS

Jetzt wird's edel!!!

MIT RÄUCHERLACHS

Übrigens...

Ganz köstlich und sehr hübsch:
Krönen Sie die Blinis zusätzlich
noch mit etwas Kaviar!

Zutaten
für 4–6 Personen

300 g mehligkochende
 Kartoffeln
Salz
2 Eier
10 g Hefe (¼ Würfel)
100 g Mehl
Pfeffer, Muskatnuss
150 g Crème fraîche
Saft und abgeriebene Schale
 von ½ Limette
Etwa 30 g Butterschmalz
 zum Backen
200 g Räucherlachs

1 Kartoffeln waschen und in reichlich kochendem Salzwasser in etwa 30 Minuten weich kochen. Pellen und dann mit einer Gabel fein zerdrücken.

2 Die Eier trennen. Eigelbe mit den zerdrückten Kartoffeln in eine Schüssel geben. Hefe mit 100 ml lauwarmem Wasser glatt rühren und mit dem Mehl zu den Kartoffeln geben. Alles gründlich miteinander mischen. Die Eiweiße mit 1 Prise Salz zu steifem Schnee schlagen und behutsam unter den Teig heben. Masse mit Salz, Pfeffer und frisch geriebener Muskatnuss würzen und zugedeckt 30 Minuten gehen lassen.

3 In der Zwischenzeit Crème fraîche mit Limettensaft und geriebener Schale verrühren und mit Salz und Pfeffer würzen.

4 In einer Pfanne das Butterschmalz erhitzen. Mit einem Esslöffel jeweils etwas Teig ins Butterschmalz setzen und bei mittlerer Hitze kleine Blinis von beiden Seiten goldbraun ausbacken.

5 Die lauwarmen Blinis mit Räucherlachsscheiben belegen und sofort mit Limetten-Crème-fraîche servieren.

ZUBEREITUNGSZEIT: 35 MINUTEN + 30 MINUTEN GARZEIT + 30 MINUTEN ZEIT ZUM GEHEN

KARTOFFEL-KÜRBIS-SUPPE
MIT SCHARFER WURST

1 Kürbis waschen, von Kernen und inneren Fasern befreien und samt Schale klein würfeln. Knoblauch, Zwiebel und Kartoffeln schälen und ebenfalls klein schneiden.

2 Die Butter in einem breiten Topf erhitzen, und Kürbis mit Zwiebeln, Knoblauch und Kartoffeln darin kurz anbraten. Mit Brühe und Sahne aufgießen und die Suppe bei mittlerer Hitze etwa 25 Minuten zugedeckt kochen lassen. Dabei gelegentlich umrühren.

3 In der Zwischenzeit die Salbeiblätter waschen und trocken tupfen. Die Paprikawürstchen pellen, in kurze Stücke schneiden und zusammen mit den Salbeiblättern in etwas heißem Öl langsam braten.

4 Kartoffel-Kürbis-Suppe mit dem Mixstab fein pürieren und mit Salz und Pfeffer würzig abschmecken. Suppe in tiefe Teller schöpfen, gebratene Würstchen mit Salbei und Bratöl darauf verteilen.

ZUBEREITUNGSZEIT: 35 MINUTEN

Zutaten
für 4 Personen

200 g Hokkaido-Kürbis
1 Knoblauchzehe
1 Zwiebel
400 g mehligkochende Kartoffeln
50 g Butter
600 ml Fleischbrühe
200 g Sahne
8–12 Salbeiblätter
4 Paprikawürstchen
2–3 EL Olivenöl
Salz, Pfeffer

KARTOFFELSCHALEN-
KNABBEREI

1 Die Kartoffelschalen in eine große Schüssel mit kaltem Wasser geben und gründlich darin säubern. Diesen Vorgang eventuell mehrmals mit frischem Wasser wiederholen, bis das Wasser kaum noch schmutzig und milchig ist. Kartoffelschalen auf Küchenpapier abtropfen lassen und sorgfältig trocken tupfen.

2 Das Öl in einem großen, breiten Topf erhitzen. Kartoffelschalen im heißen Öl portionsweise langsam in etwa 1–2 Minuten goldbraun und knusprig frittieren. Dabei die Schalen gelegentlich mit einer Kelle wenden.

3 Frittierte Schalen auf Küchenpapier abtropfen lassen. Salz mit Paprikapulver und Curry mischen und die Knabberei damit großzügig würzen.

ZUBEREITUNGSZEIT: 25 MINUTEN

Zutaten
für 4 Personen

Etwa 500 g rohe Kartoffelschalen von festkochenden
    Kartoffeln
750 ml Sonnenblumenöl
2 EL Salz
1 TL Paprikapulver, edelsüß
1 TL Currypulver

3

BLUMENKOHL –
MEIN GELIEBTES KÖHLCHEN

BLUMENKOHL
AUF POLNISCHE ART

1 Den Blumenkohl putzen, waschen und im Ganzen in reichlich kochendem Salzwasser zugedeckt in 20–25 Minuten weich garen.

2 In der Zwischenzeit die Eier pellen und hacken. Petersilie waschen, die Blättchen abzupfen und ebenfalls hacken. Von der Zitrone die Schale ohne das Weiße dünn abschälen und in feine Streifen schneiden. Die Zitrone auspressen.

3 Die Hälfte der Butter in einer breiten Pfanne zerlassen. Die Semmelbrösel einrühren und goldbraun rösten. Die Mischung aus der Pfanne in einen tiefen Teller umfüllen.

4 Restliche Butter in die Pfanne geben und aufschäumen lassen. Zitronenschalenstreifen, Zitronensaft und gehackte Petersilie unterrühren.

5 Den weich gekochten Blumenkohl auf eine Servierplatte umsetzen. Die gerösteten Butterbrösel und die gehackten Eier darauf verteilen, die flüssige Butter-Zitronen-Mischung darüberträufeln.

ZUBEREITUNGSZEIT: 25 MINUTEN

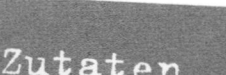

Zutaten
für 4 Personen

1 mittelgroßer Blumenkohl
   (etwa 800 g)
Salz
2 hart gekochte Eier
3–4 Zweige glatte Petersilie
1 unbehandelte Zitrone
125 g Butter
80 g Semmelbrösel

KNUSPRIGE BLUMENKOHL-RÖSCHEN

Zutaten
für 4 Personen

1 Blumenkohl
Salz
1 Bund Schnittlauch
2 hart gekochte Eier
3 Essiggurken
1/2 Bund Petersilie
1/2 Bund Kerbel
250 g Mayonnaise
Cayennepfeffer
Saft von 1/2 Zitrone
4 Kümmelstangen (vom Vortag)
2 Eier
Mehl zum Wenden
Etwa 500 ml Pflanzenöl
   zum Ausbacken

1 Den Blumenkohl waschen und putzen. Einen Topf mit Salzwasser zum Kochen aufstellen. Den Blumenkohl in einzelne Röschen teilen und diese im kochenden Salzwasser 5 Minuten vorgaren. Die Röschen mit einer Schaumkelle herausnehmen und in kaltem Wasser abschrecken.

2 In der Zwischenzeit für die Remouladensauce den Schnittlauch waschen, trocken tupfen und in feine Röllchen schneiden. Die hart gekochten Eier pellen und hacken. Essiggurken in Würfel schneiden. Petersilie und Kerbel waschen und trocken tupfen. Die Blätter abzupfen und zusammen fein hacken. Die vorbereiteten Zutaten unter die Mayonnaise rühren. Sauce mit Salz, Cayennepfeffer und Zitronensaft würzig abschmecken.

3 Kümmelstangen würfeln und in einer Küchenmaschine fein mahlen. Die Eier in einen tiefen Teller aufschlagen und mit einer Gabel verquirlen.

4 Blumenkohlröschen in Mehl wenden, durch die verquirlten Eier ziehen und in den Kümmel-Bröseln panieren. Das Pflanzenöl in einer tiefen Pfanne erhitzen und die Röschen darin goldbraun ausbacken. Dann auf Küchenpapier abtropfen lassen und mit der Remouladensauce servieren.

ZUBEREITUNGSZEIT: 35 MINUTEN

Übrigens...

Mayonnaise selbst zu machen, geht schneller, als man denkt. Dafür 1-2 EL Weißweinessig mit 1 TL Senf und 2 Eigelben in einen hohen Mixbecher geben. 250 ml Sonnenblumenöl daraufgießen. Einen Pürierstab auf den Boden des Bechers stellen und den Mixstab betätigen. Sobald sich die Zutaten zu einer hellgelben Creme verbinden, den Mixstab langsam nach oben ziehen und so lange mixen, bis eine glatte, cremige Mayonnaise entstanden ist. Fertige Mayonnaise mit einen Spritzer Zitronensaft, etwas Salz, Cayennepfeffer und einer Prise Zucker abschmecken.

SÜPPCHEN
VOM BLUMENKOHL-
STRUNK

Feines aus Resten

1 Blumenkohlstrunk waschen, schälen und würfeln. Schalotten und Knoblauch schälen und klein schneiden. Alles zusammen in einem Topf im heißen Rapsöl etwa 2–3 Minuten anschwitzen, mit Brühe und Sahne aufgießen. Suppe bei mittlerer Hitze zugedeckt etwa 20 Minuten leise kochen lassen.

2 In der Zwischenzeit das Brot in kleine mundgerechte Stücke zupfen oder schneiden. In einer breiten Pfanne das Butterschmalz erhitzen und die Brotstücke darin rundum goldbraun rösten (für zusätzliches Aroma kann man noch ein Stück Speckschwarte hinzufügen).

3 Schmelzkäse und Butter zur Suppe geben und alles mit einem Mixstab möglichst fein pürieren. Suppe mit Salz, Pfeffer und Zitronensaft würzig abschmecken und auf tiefe Teller verteilen. Geröstetes Brot darüberstreuen.

ZUBEREITUNGSZEIT: 35 MINUTEN

Zutaten
für 4 Personen

Etwa 400 g Strunk vom
   Blumenkohl
2 Schalotten
1 Knoblauchzehe
2 EL Rapsöl
500 ml Geflügel- oder
   Gemüsebrühe
150 g Sahne
250 g Brot, Brötchen oder
   Brezeln vom Vortag
50 g Butterschmalz
Eventuell ein Stück Speckschwarte
150 g Schmelzkäse
50 g Butter
Salz, Pfeffer
Saft von etwa 1/2 Zitrone

ERFRISCHENDER BLUMENKOHL-SALAT

1 Den Blumenkohl waschen und putzen. Einen Topf mit Salzwasser zum Kochen aufstellen. Den Blumenkohl in einzelne Röschen teilen und diese im kochenden Salzwasser in etwa 6 Minuten bissfest garen. Die Röschen mit einer Schaumkelle herausnehmen und dann in kaltem Wasser abschrecken.

2 In der Zwischenzeit die Fleischwurst pellen, der Länge nach halbieren und in Scheiben schneiden. Schnittlauch und Radieschen waschen und trocken schütteln. Schnittlauch in Röllchen und die Radieschen in dünne Scheiben schneiden.

3 In einer großen Schüssel den Weißweinessig mit Brühe, Quittengelee, Senf, Salz und Pfeffer verrühren. Das Öl nach und nach unterrühren, bis eine sämige Salatsauce entsteht.

4 Schnittlauch, Fleischwurst, Radieschen und Blumenkohl zur Vinaigrette in die Schüssel geben. Alles locker miteinander mischen, abschmecken und auf einer großen Servierplatte anrichten. Nach Belieben mit Schnittlauchblüten bestreuen.

ZUBEREITUNGSZEIT: 40 MINUTEN

Zutaten
für 4–6 Personen

1 Blumenkohl
Salz
500 g Fleischwurst
2 Bund Schnittlauch
1 Bund Radieschen
   (12–14 Stück)
2–3 EL Weißweinessig
Etwa 75 ml heiße Fleischbrühe
3 TL Quittengelee
1 EL grobkörniger Senf
Pfeffer
4–5 EL Traubenkernöl
Nach Belieben Schnittlauchblüten zum Bestreuen

BLUMENKOHL-LAUCH-GRATIN
IN PAPRIKARAHM

Zutaten
für 4 Personen

2 rote Paprikaschoten
1 kleine rote Chilischote
1 Zwiebel
2 Knoblauchzehen
2 EL Olivenöl
1 EL Paprikapulver, edelsüß
150 ml Gemüsebrühe
150 g Sahne
Salz, Pfeffer
500 g Blumenkohl
1 Stange Lauch
100 g Käse zum Gratinieren
　　(z. B. Bergkäse, Emmen-
　　taler, Greyerzer)
Butter für die Form

1 Paprika- und Chilischoten waschen, halbieren, entkernen und in Würfel schneiden. Zwiebel und Knoblauch schälen, fein würfeln und mit den Paprika- und Chilistückchen in heißem Olivenöl andünsten. Paprikapulver darüberstreuen und kurz mit anschwitzen. Gemüsebrühe und Sahne angießen und die Mischung bei mittlerer Hitze zugedeckt etwa 15 Minuten kochen lassen. Alles mit einem Mixstab fein pürieren und mit Salz und Pfeffer kräftig abschmecken. Paprikarahm in eine gebutterte Auflaufform gießen.

2 In der Zwischenzeit den Backofen auf 200 °C vorheizen. Blumenkohl und Lauch putzen und waschen. Blumenkohl in Röschen teilen, Lauch in etwa 1 cm dicke Scheiben schneiden. Beides zusammen in reichlich kochendem Salzwasser etwa 5 Minuten vorgaren. Dann abschütten und kalt abschrecken. Den Käse reiben.

3 Blumenkohl-Lauch-Mischung auf dem Paprikarahm verteilen. Großzügig mit Käse bestreuen und im heißen Ofen in etwa 25–30 Minuten goldbraun überbacken.

**ZUBEREITUNGSZEIT: 35 MINUTEN +
30 MINUTEN BACKZEIT**

4

EINTOPF –
DAMIT MACHT MAN (NICHT NUR) MÄNNER GLÜCKLICH

LINSEN-EINTOPF,
WIE ES SICH GEHÖRT

1 Zwiebeln schälen und klein würfeln. Speck ebenfalls in kleine Würfel schneiden. Linsen kalt abspülen und abtropfen lassen.

2 Die Hälfte der Butter in einem breiten Topf zerlassen und die Speckwürfel darin in 2–3 Minuten goldbraun anbraten. Zwiebeln zugeben und weitere 2 Minuten mitbraten. Linsen untermischen, Brühe dazugießen und alles zugedeckt bei mittlerer Hitze etwa 25 Minuten leise kochen lassen.

3 In der Zwischenzeit das Suppengrün putzen, waschen und in etwa 1 cm große Würfel schneiden. Das Gemüse in den Eintopf geben und weitere 10–15 Minuten mitkochen.

4 Petersilie waschen und trocken tupfen. Die Blättchen abzupfen und fein hacken. Würstchen in etwa 1–2 cm dicke Stücke schneiden und mit Senf, Tomatenmark, der gehackten Petersilie und der restlichen Butter unter den Eintopf rühren. Diesen nochmals kurz aufkochen lassen und mit Salz, Pfeffer, Zucker und Essig würzig abschmecken.

**ZUBEREITUNGSZEIT: 30 MINUTEN +
40 MINUTEN GARZEIT**

Zutaten
für 4–6 Personen

2 kleine Zwiebeln
100 g durchwachsener Speck
250 g braune Berglinsen
50 g Butter
1 l Geflügelbrühe
1 Bund Suppengrün (etwa 500 g)
Einige Zweige Petersilie
4 Wiener Würstchen
1–2 TL Senf
1 TL Tomatenmark
Salz, Pfeffer, 1 Prise Zucker
2–3 EL Weißweinessig

LINSEN-CAPPUCCINO

Zutaten
für 4–6 Personen

2 Schalotten
1 Knoblauchzehe
1 kleine Möhre
50 g Knollensellerie
2 EL Rapsöl
100 g braune Berglinsen
500 ml kräftige Geflügelbrühe
50 g Butter
1 TL Senf
3–4 EL dunkle Balsamico-Creme
Salz, Pfeffer
150 g Sahne
4–6 Grissinistangen
4–6 dünne Scheiben
    Parmaschinken

1 Schalotten, Knoblauch, Möhre und Sellerie schälen, alles klein würfeln und in heißem Öl in einem Topf anschwitzen. Linsen zugeben und kurz mit anschwitzen. Geflügelbrühe angießen und die Suppe bei mittlerer Hitze 20–25 Minuten zugedeckt leise kochen lassen, bis die Linsen weich sind.

2 Die Hälfte der Linsensuppe in einen anderen Topf geben und mit Butter, Senf und Balsamico-Creme möglichst fein pürieren. Mit Salz und Pfeffer abschmecken und warm halten.

3 Sahne zur restlichen Suppe geben und weitere 5 Minuten leise kochen lassen. Die Suppe mit Salz und Pfeffer kräftig würzen, mit dem Mixstab pürieren und durch ein feines Sieb in einen kleinen Topf gießen.

4 Die Grissini mit den Schinkenscheiben umwickeln. Reservierte dunkle Linsensuppe in tiefe Tassen verteilen. Die helle Linsensuppe kurz erhitzen, dann mit einem Mixstab schaumig aufmixen. Den Schaum mit einem großen Löffel abschöpfen und auf die Linsensuppe in den Tassen verteilen. Die umwickelten Grissini dazu servieren.

ZUBEREITUNGSZEIT: 40 MINUTEN + 25 MINUTEN KOCHZEIT

BOHNEN, BIRNEN UND SPECK

Zutaten
für 4 Personen

250 g breite Bohnen
250 g Stangenbohnen
250 g durchwachsener Bauchspeck
12 kleine vorwiegend fest-
    kochende Kartoffeln
1 rote Zwiebel
3–4 Zweige Bohnenkraut
Etwa 2 EL Rapsöl
750 ml kräftige Fleischbrühe
3–4 mittelgroße feste Birnen
Saft von 1/2 Zitrone
75 g Butter
Salz, Pfeffer, Muskatnuss

1 Bohnen putzen, waschen und in Stücke schneiden. Speck in etwa 1 cm dicke Streifen schneiden. Kartoffeln schälen und je nach Größe halbieren. Zwiebel schälen und in Streifen schneiden. Bohnenkraut waschen und trocken tupfen. Die Blätter abzupfen.

2 Speck in einem breiten Topf in heißem Öl in etwa 6 Minuten kross anbraten. Die Zwiebelstreifen zufügen und kurz mit anbraten. Bohnen, Kartoffeln und gezupftes Bohnenkraut zufügen und mit Brühe auffüllen. Das Gemüse 20 Minuten bei mittlerer Hitze leise kochen lassen.

3 In der Zwischenzeit die Birnen schälen, halbieren und die Kerngehäuse ausstechen. Birnenhälften in dicke Spalten schneiden und mit Zitronensaft beträufeln.

4 Birnen zu den Bohnen geben und weitere 10 Minuten kochen lassen. Butter in einen kleinen Topf geben, nussbraun werden lassen und unter den Eintopf mischen. Alles kräftig mit Salz, Pfeffer und Muskatnuss abschmecken und servieren.

ZUBEREITUNGSZEIT: 50 MINUTEN

PICHELSTEINER
MIT MARKKLÖSSCHEN

1 Das Rindermark aus den Knochen drücken, 100 g davon abwiegen und beiseitestellen.

2 Einen großen Topf Wasser zum Kochen aufstellen. Knochen und Tafelspitz für etwa 1 Minute im kochenden Wasser blanchieren. Abgießen und unter kaltem Wasser abspülen. In einen Topf geben, mit 3 l kaltem Wasser auffüllen und zum Kochen bringen. Den Schaum mit einer Kelle entfernen. Die Brühe 2 ½ Std. leise kochen lassen.

3 In der Zwischenzeit die Zwiebel mit Schale halbieren, Schnittfläche in einer Pfanne dunkel anrösten. Pfefferkörner im Mörser zerstoßen, Liebstöckel waschen. Zwiebelhälften, Lorbeer, Liebstöckel, Salz, Pfeffer und Nelken zur Brühe geben.

4 Während die Brühe kocht, für die Klößchen das Rindermark in einen kleinen Topf geben. Bei schwacher Hitze langsam schmelzen und durch ein Sieb in eine Schüssel gießen. Eier, Paniermehl und gehackte Petersilie zugeben und gründlich vermischen. Die Masse mit Muskatnuss, Salz und Cayennepfeffer würzen und für 30 Minuten kühl stellen. Aus der Masse mit angefeuchteten Händen walnussgroße Kugeln rollen.

5 Das Gemüse waschen und putzen bzw. schälen. Nach 2 Stunden Kochzeit die Knochen mit einer Kelle aus der Brühe heben. Das Gemüse zum Fleisch in den Topf geben und weitere 30 Minuten mitgaren.

6 Gemüse, Fleisch und Klößchen mit einer Siebkelle aus der Brühe heben. Fleisch und Gemüse in mundgerechte Stücke schneiden und in eine große Suppenterrine geben. Brühe durch ein feines Tuch in einen Topf passieren, aufkochen und abschmecken. Die Brühe über Gemüse, Fleisch und Klößchen in die Terrine schöpfen und den Eintopf heiß servieren.

Zutaten
für etwa 8 Personen

1 kg Rindermarkknochen
1 kg Tafelspitz
1 große Zwiebel
Etwa 15 weiße Pfefferkörner
3 Liebstöckelzweige
2–3 Lorbeerblätter
Etwa 1 EL Meersalz
3–4 Gewürznelken
2 Eier (Größe M)
200 g Paniermehl
2 EL fein gehackte Petersilie
Muskatnuss, Salz, Cayennepfeffer
4 Möhren
1 Kohlrabi
3 Stangen Staudensellerie
3 Petersilienwurzeln
1 Stange Lauch
5 Wirsingblätter

ZUBEREITUNGSZEIT: 60 MINUTEN + 3 STUNDEN KOCHZEIT

Übrigens...
Die ideale Begleitung für diese
köstliche Resteverwertung ist ein
frischer Blattsalat.

BRATLINGE
VOM ÜBRIGEN EINTOPF

1 Den kalten Eintopf vom Vortag in ein Sieb schütten und gut abtropfen lassen. Auf ein Brett geben und mit einem großen Messer gleichmäßig hacken. Die Masse sollte zwar fein sein, aber dennoch erkennbare Stückchen enthalten.

2 Den fein gehackten Eintopf in eine große Schüssel geben und mit Eigelben und Mutschelmehl gründlich vermischen. Die Masse mit Salz und Pfeffer kräftig würzen und mit angefeuchteten Händen zu runden, etwa 2 cm dicken Bratlingen (6–8 cm Durchmesser) formen und auf ein mit Mutschelmehl bestreutes Brett legen.

3 Bratlinge mit etwas Mutschelmehl bestreuen. Das Butterschmalz in einer großen beschichteten Pfanne erhitzen und die Bratlinge darin auf beiden Seiten jeweils in etwa 4 Minuten goldbraun backen.

ZUBEREITUNGSZEIT: 35 MINUTEN

Zutaten
für 4–6 Personen
(etwa 12 Bratlinge)

500 g übrig gebliebener Eintopf vom Vortag
(z. B. Pichelsteiner, abgetropft gewogen)
3 Eigelb
150 g Mutschelmehl (ersatzweise normales Paniermehl)
Salz, Pfeffer
Etwas Mutschelmehl zum Verarbeiten
Etwa 75 g Butterschmalz

Übrigens...

Falls von der Hühnerbrühe etwas übrig bleibt, kann man sie wunderbar einfrieren und für andere Gerichte verwenden.

KRÄFTIGE HÜHNERSUPPE
WIE ZU OMAS ZEITEN

1 Suppenhuhn innen und außen gründlich waschen und mit etwa 3 l kaltem Wasser in einen großen Topf geben. Das Wasser langsam zum Kochen bringen, die Hitze reduzieren und das Huhn 2 Stunden leise kochen lassen. Den aufsteigenden Schaum gelegentlich abschöpfen.

2 In der Zwischenzeit die Zwiebel mit Schale halbieren, Schnittflächen in einer Pfanne dunkel anrösten. Die Pfefferkörner im Mörser zerstoßen. Zwiebelhälften, Salz, Pfeffer, Nelken und Lorbeerblätter zur Brühe geben. Das Gemüse putzen, waschen und mit den Kräutern zu einem Bündel binden. Zum Huhn geben und die Suppe weitere 30–40 Minuten kochen lassen.

3 Huhn und Gemüse mit einer Schaumkelle aus der Brühe heben. Vom Huhn die Haut entfernen. Hühnerfleisch vom Knochen zupfen und klein würfeln. Gemüse in Stücke schneiden, die ausgekochten Kräuterzweige wegwerfen.

4 Brühe durch ein feines Sieb in einen anderen Topf passieren. Nudeln, Gemüse- und Hühnchenstücke in die Suppe geben und nochmals aufkochen. Die Suppe abschmecken und noch einige Minuten ziehen lassen. Mit gehackter Petersilie bestreut servieren.

**ZUBEREITUNGSZEIT: 25 MINUTEN +
2 STUNDEN 40 MINUTEN GARZEIT**

Zutaten
für 4–6 Personen

1 Suppenhuhn (küchenfertig; etwa 1,5 kg)
1 große Zwiebel
1 EL schwarze Pfefferkörner
2–3 EL Meersalz
3 Gewürznelken
2 Lorbeerblätter
2 Möhren
150 g Knollensellerie
3 Stangen Staudensellerie
1/2 Stange Lauch
2 Zweige Liebstöckel
3–4 Zweige glatte Petersilie
Etwa 200 g feine Suppennudeln
Etwas gehackte Petersilie zum Bestreuen

GEFLÜGEL-CONSOMMÉ
MIT TRÜFFELNOCKERLN

1 Suppengrün putzen, waschen und würfeln. Geflügelfleisch in Streifen schneiden und mit dem Gemüse durch die grobe Scheibe des Fleischwolfs drehen. Pfeffer im Mörser grob stoßen. Die Fleisch-Gemüse-Mischung mit Gewürzen, Kräutern und Eiweißen in einen Topf geben.

Zutaten
für 4–6 Personen

FÜR DIE CONSOMMÉ:
1 Bund Suppengrün
400 g Perlhuhn-Fleisch aus der Keule
2 TL weiße Pfefferkörner
4 Gewürznelken
2 Lorbeerblätter
2–3 Zweige Thymian
2–3 Zweige Petersilie
3–4 rohe Eiweiß
1,5 l Hühnerbrühe
Salz

FÜR DIE TRÜFFELNOCKERL:
250 ml Milch
25 g Trüffelbutter
1 schwarzer Trüffel (30 g)
Salz, Muskatnuss
150 g Hartweizengrieß
2 Eigelb

2 Die kalte Brühe dazugeben. Unter vorsichtigem Rühren die Mischung langsam aufkochen, bei schwacher Hitze etwa 1 Stunde kochen lassen. Dabei nicht mehr rühren.

3 Die Consommé durch ein mit einem Tuch ausgelegtes Sieb in einen Topf gießen. Erhitzen und um ein Drittel einkochen lassen. Salzen.

4 In der Zwischenzeit für die Nockerl Milch mit Trüffelbutter und fein geriebenem Trüffel aufkochen lassen und mit Salz und Muskat kräftig würzen. Grieß in die kochende Milch einrühren und die Hitze reduzieren. Den Grießbrei rühren, bis er sich zu einem Kloß zusammengeballt hat und sich ein weißer Belag auf dem Topfboden bildet. In eine Schüssel füllen. Eigelbe unterrühren.

5 Einen Topf mit Salzwasser zum Kochen aufstellen. Sobald das Wasser kocht, die Hitze reduzieren, sodass das Wasser nur noch siedet. Mit zwei Esslöffeln Nocken aus der Grießmasse abstechen und im siedenden Salzwasser 5 Minuten garen.

6 Nocken mit einer Schaumkelle herausheben, abtropfen lassen und in tiefe Teller verteilen. Heiße Consommé darüberschöpfen.

ZUBEREITUNGSZEIT:
1 STUNDE 15 MINUTEN

Übrigens...

Nach Belieben kann man zusätzlich zu den Nockerln noch fein
geschnittene Gemüsestreifen als
Einlage mit in die Teller geben.

KROATISCHER EINTOPF VON FISCH UND MEERESFRÜCHTEN

Zutaten
für 4–6 Personen

1 kleine Möhre
1 Zwiebel
50 g Knollensellerie
1 rote Paprikaschote
1 kleine rote Chilischote
2 Knoblauchzehen
Etwa 6 EL Olivenöl
1 TL Safranfäden
12 Calamaretti (küchenfertig in Ringe geschnitten mit Tentakeln)
Etwa 50 ml Weißwein
500 ml Geflügelfond
500 ml Fischfond
500 g passierte Tomaten (Dose oder Glas)
2 Wolfsbarschfilets mit Haut (à etwa 150 g)
2 Rotbarbenfilets mit Haut (à etwa 100 g)
200 g Seeteufelfilet
4 Riesengarnelen
Jeweils 12 Miesmuscheln und Venusmuscheln
Salz, Pfeffer
Etwa 2 EL fein gehackte Petersilie

1 Möhre, Zwiebel und Sellerie schälen und würfeln. Paprika und Chili waschen, die Schoten halbieren und entkernen. Den Knoblauch schälen. Alles zusammen in einem Mixer pürieren.

2 2 EL Olivenöl in einem breiten Topf erhitzen und das Gemüsepüree darin anschwitzen. Safran, Calamaretti-Ringe und Tentakeln zufügen. Mit Weißwein ablöschen und etwas einkochen lassen. Geflügel- und Fischfond sowie die passierten Tomaten unterrühren und bei mittlerer Hitze etwa 20–30 Minuten offen kochen lassen.

3 In der Zwischenzeit die Fischfilets abbrausen, trocken tupfen und in mundgerechte Stücke schneiden. Riesengarnelen schälen, Muscheln gründlich säubern. Alles kräftig mit Salz und Pfeffer würzen.

4 Muscheln und Riesengarnelen in den Sud geben, die Fischstücke mit der Haut nach oben darauflegen. Alles großzügig mit dem restlichen Olivenöl beträufeln und mit der Petersilie bestreuen. Einen Deckel auflegen und den Fischtopf aufkochen, vom Herd heben und noch etwa 6–8 Minuten ziehen lassen. Den Eintopf nochmals kräftig abschmecken und in tiefe Teller schöpfen.

ZUBEREITUNGSZEIT: 60 MINUTEN

Übrigens...
Dazu am besten gerös-
tete Knoblauch-Crostini
servieren.

HORST,
DAS HUHN UND DAS EI

Vor ein paar Wochen hat dieses wundersame Leben mir mal wieder eine lehrreiche Erfahrung beschert: Ich wache am Sonntagmorgen nach einer herrlich durchschlummerten Nacht frisch und fröhlich auf. Das Sonnenlicht strahlte sich frech einen Weg durch zwei Rolladenspalten und draußen in den Bäumen jubilierten Amsel, Drossel, Fink und Star um die Wette. Neben mir schlummerte noch wohlig und zufrieden mein Schatz den Schlaf der Schönen und Gerechten. Kurzum: ein Tag, um dem lieben Herrgott zu danken, dass das Leben so schön sein kann.

Leise, um meine Süße nicht zu wecken, taperte ich in die Küche, um mir einen frischen Kaffee zu brühen. Und dann passierte es. Wie aus dem Nichts erschien vor meinen Augen das Bild einer großen Pfanne Rührei mit Speck. Gleichzeitig bekam ich auf der Stelle einen Riesenappetit, dass könnt ihr euch nicht vorstellen. Ich war selber so überrascht von dieser Heißhungerattacke, dass ich sofort beschloss, mit einer großen Pfanne von Eiern und Speck Abhilfe zu schaffen und meinen kulinarischen Gelüsten auf der Stelle nachzugeben.

Runter in die Küche, die schwere Pfanne auf den Gasherd und einer ordentlichen Messerspitze goldgelber Butter beim Schmelzen zuzuschauen war eins. Dann ein paar nicht zu dünne Streifen vom Schwarzwälder Bauernspeck abgeschnitten und griffbereit neben die Pfanne gelegt. Jetzt fehlten nur noch die Eier. Flugs die Schachtel aus dem Kühlschrank und ... und das Verhängnis nahm seinen Lauf. Leer! Das heißt, fast leer – bis auf ein kleines, mickriges Ei in der linken hinteren Reihe. Gut – wie sagt doch der Volksmund: Besser ein halbes Ei als gar keins. Also greife ich nach dem Ei, das aber irgendwie am Eierkarton festklebt, sich deswegen auch nicht lösen lässt, sondern zerbricht und dotterweich über meinen Daumen auf die Arbeitsplatte tropft. Konsterniert und der Verzweiflung nahe betrachte ich das Malheur. Das sind niederschmetternde Momente im Leben eines heißhungrigen Kochs. Aber – das kann dem besten Horst passieren.

MIT DEM MOPED AUF EIERSUCHE

Was nun, sprach das Huhn? Aufgeben? Aber nicht mit mir, Kinders. Von einem kaputten Ei lasse ich mich nicht ins Bockshorn jagen. Wozu lebe ich auf dem Land? Der nächste Bauernhof mit Hühnern ist doch bestimmt hier irgendwo ganz in der Nähe – und wer suchet, der findet. Also rein in die Lederklamotten, rauf aufs Moped und los ging die Suche nach dem Weg zum gelobten Hühner- und Eierparadies.

Nach einer Viertelstunde kam ich an einem Traum-Bauernhof vorbei, und wie der liebe Gott das so will, stand auch noch ein dickes, verwittertes Holzschild mit der vertrauenserweckenden Inschrift „Hofladen" an der Zufahrt zum Hof. Ich stellte das dampfende Moped am Schild ab und schlenderte durch die wärmende Morgensonne zum Hof. Als ich um die Ecke ging, jubilierte mein Herz – auf einer Wiese sah ich ungefähr zehn Hühner eifrig pickend durch eine wilde Wiese staksen. Alleine dieses idyllische Bild sah besser aus als jede Eier-Werbung, die ich mir in meinen rühreiumnebelten Gedanken vorstellen konnte. Natürlich hatte der Laden zu, aber das war mir von vornherein klar gewesen. Ich beschloss, einfach anzuklingeln. Natürlich hoffte ich inständig, dass die guten Bauersleute Mitleid mit einem freundlichen, aber heißhungrigen Fernsehkoch haben würden.

Und genau so kam es. Nach einer Schrecksekunde wurde ich freundlich in die gute Stube gebeten und während die liebenswerte Hausherrin mir aus dem Hofladen zehn frische Eier holte, schenkte mir der Bauer einen frisch gebrühten Kaffee ein und erzählte mir ein bisschen von seinem Tierbestand, seiner Philosophie einer natürlichen Landwirtschaft und lud mich zu einer Hofführung ein. Ich sagte begeistert Ja und versprach, bald wiederzukommen. Aber erst mal wollte ich ja schnell nach Hause und mit meiner Süßen ein himmlisches Rührei zum Frühstück verputzen.

GUTE EIER VON GLÜCKLICHEN HÜHNERN

Zu Hause betrachtete ich die prachtvollen Eier und eine Sache fiel mir sofort auf: Herrschaften, wann habt ihr das letzte Mal einen Zehnerkarton Eier in der Hand gehabt, in der jedes Ei anders aussah? Ich hatte alles dabei: groß und eher schlank, klein und dick, dick und riesig, gesprenkelt braun, nur weiß, weiß und gesprenkelt … aber alle verschieden! Faszinierend, oder? Mir kam sofort der alte Spruch in den Sinn: Kein Ei gleicht dem anderen. Flugs die Eier aus dem Karton, sanft am Pfannenrand aufgeschlagen und nur fünf Minuten später stand endlich mein Morgentraum verführerisch vor mir auf dem Frühstückstisch. Dieser Geruch von Ei, Butter und Speck, der nun durchs Haus waberte, war unbezahlbar. Dazu ein Kanten frisches Bauernbrot, lecker Kaffee, Fenster auf und die Sonntagszeitung. Das sind Momente des Glücks, die so einfach geschaffen werden können. Ein Königreich für ein gutes Ei.

Aber was ist ein gutes Ei? Was soll ich kaufen? Gleicht nicht doch ein Ei dem anderen? Nein, ihr Lieben! Auf keinen Fall.

Das haben wir Verbraucher schon vergessen, weil wir uns so sehr an die Einheits-Eier aus den unsäglichen Legebatterien gewöhnt haben, in denen aus Hühnern arme Schweine gemacht werden, die brutal zusammengepfercht und jeder Würde beraubt Eier nach DIN-Norm legen sollen.

Aber die Eier in meiner Pfanne, das waren Eier von Tieren, die „einfach" auf dem Hof leben, natürlich gefüttert werden und noch Huhn sein dürfen. Wer nicht weiß, was das bedeutet, der sollte sich einfach mal kritisch informieren: Was ist der Unterschied zwischen Eiern aus dem Legekäfig, aus Bodenhaltung, Freilandhaltung oder vom Bio-Hof. Das ist aber nichts für empfindliche Gemüter. Ich weiß jedenfalls, dass es eigentlich keine Alternative zu Eiern von glücklichen Hühnern gibt. Natürlich weiß ich auch, was jetzt einige von euch denken: Lieber Horst, hast du einen an der Eierwaffel? Wo soll ich denn mitten in der Großstadt einen Bauernhof finden? Und muss ich jetzt einen Kredit aufnehmen, wenn ich Pfannkuchen oder Rührei für die Familie machen möchte?

Das sind berechtigte Einwände. Aber auch hier ist wichtig: Es gilt erst mal, ein Bewusstsein zu schaffen, dass Tiere nicht gequält werden dürfen. Auch in der Großstadt gibt es Märkte, auf denen noch anständige Eier verkauft werden. Sprecht mit den Verkäufern, hakt nach. Ja, die richtig guten und natürlichen Eier sind teurer, das ist mir schon klar. Aber gute Qualität und Tierschutz haben nun mal ihren Preis, und wenn ihr es euch leisten könnt, dann tut etwas gegen den Wahnsinn der verkrüppelten Tiere in den Legebatterien. Wer es sich nicht leisten kann, informiert sich und kauft das, was er am besten mit seinem Gewissen vereinbaren kann. Jeder wie er kann, aber nicht vergessen: Am Ende hauen wir uns auch ein Stück weit selber in die Pfanne.

5

DAS EI –
KEIN FLEISCH, UND DOCH VOM HUHN

DAS PERFEKTE
FRÜHSTÜCKSEI

WAS IST EIN PERFEKTES
FRÜHSTÜCKSEI?
Daran scheiden sich die
Geister: Die einen mögen
es lieber flüssig, andere
haben es gerne wachsweich.
Wieder andere wollen es
hart gekocht.
Ich mag mein Frühstücksei
am liebsten, wenn das Ei-
gelb noch flüssig, aber
schon warm ist. Das Ei-
weiß sollte gestockt sein,
aber nicht so fest wie
Gummi. Es sollte im Mund
schön schmelzen.
Wie man das ohne einen
neumodischen Eierkocher
perfekt hinkriegt?

ICH KANN EUCH SAGEN,
WIE DAS GEHT!

1 Zunächst einmal sollten die Eier (mit der Größe L) nicht aus dem Kühlschrank kommen, sondern Zimmertemperatur haben. Dass die Eier frisch sind, gute Bio-Qualität haben und natürlich nur von wirklich glücklichen Hühnern kommen, versteht sich wohl von selbst!

2 Als Erstes wird nun die Herdplatte auf die höchste Stufe geschaltet. Dann gibt man die zimmerwarmen Eierchen in einen kleinen Topf und füllt so viel kaltes Wasser hinein, dass die Eier knapp bedeckt sind. Danach kommt ein Deckel auf den Topf und den Topf stellt man auf die heiße Herdplatte.

3 Sobald das Wasser kocht, nimmt man den Topf sofort vom Herd (den kann man jetzt übrigens wieder ausschalten) und lässt die Eier in dem heißen Wasser noch genau 5 Minuten ziehen.

DAS WAR'S!!!

GEBACKENES EI
AUF GETRÜFFELTEM
CREMESPINAT

Jetzt wird's edel!!!

1 Einen Topf mit Wasser zum Kochen aufstellen. Spinat putzen, waschen und im kochenden Wasser blanchieren. Spinat in Eiswasser abschrecken, ausdrücken und grob hacken.

2 Schalotten und Knoblauch schälen, fein würfeln und in 30 g Butter anschwitzen. Mit Mehl bestäuben und kurz weiter anschwitzen. Mit

Zutaten
für 4 Personen

200 g frischer Spinat
2 Schalotten
1 Knoblauchzehe
80 g Butter
1 EL Mehl
50 ml Weißwein
100 ml Geflügelbrühe
150 g Sahne
Salz, Pfeffer, Muskatnuss
2–3 EL Trüffelöl
4 Scheiben durchwachsener
    Bauchspeck (etwa 60–80 g)
5 Eier (Größe L)
100 g Semmelbrösel
400 ml Pflanzenöl
Etwas Mehl zum Wenden
Nach Belieben 30 g schwarzer
    Trüffel zum Servieren

Weißwein ablöschen, Brühe und Sahne angießen. Die Sauce 10 Minuten leise kochen lassen und mit Salz, Pfeffer und Muskat würzen. Spinat, restliche Butter und Trüffelöl zufügen und mit einem Mixstab grob pürieren. Cremespinat nochmals abschmecken und warm halten.

3 Den Backofen auf 200 °C vorheizen. Speckscheiben der Länge nach halbieren. Die beiden Hälften jeweils als Nester von etwa 8 cm Durchmesser auf ein Backblech mit Backpapier legen und im Backofen in 10 Minuten knusprig rösten.

4 Einen Topf mit Wasser zum Kochen aufstellen und 4 Eier darin in genau 6 Minuten wachsweich kochen. Das fünfte Ei in einem tiefen Teller verquirlen. Die Semmelbrösel in einen zweiten Teller füllen. Das Pflanzenöl in einer Pfanne erhitzen. Die gekochten Eier kalt abschrecken und pellen. Salzen, in Mehl wenden und durch das verquirlte Ei ziehen. Mit den Semmelbröseln panieren und in heißem Öl goldbraun ausbacken. Gebackene Eier auf Küchenpapier abtropfen lassen.

5 Den Cremespinat auf Teller verteilen. Jeweils ein knuspriges Specknest in die Mitte setzen, darauf ein gebackenes Ei geben. Nach Belieben frischen schwarzen Trüffel über Ei und Spinat hobeln und servieren.

ZUBEREITUNGSZEIT: 45 MINUTEN

Zugegeben...

...für so edle Dinge wie Trüffel
bin ich nun gerade nicht bekannt.
Aber wenn's passt, kann man es auch
ruhig mal krachen lassen.
Wem Trüffel zu teuer ist, der kann
auch einen guten Parmesan nehmen
und frisch darüberhobeln.

SPIEGELEI
MIT KRÄUTERN

Zutaten
für 4 Personen

4 Eier
1/2 Bund Petersilie
1 Bund Schnittlauch
30 g Butter
Salz, Pfeffer
Frisch gehobelter Parmesan, zum Servieren

Spiegelei
mal anders

1 Die Eier vorsichtig trennen. Dabei die Eiweiße in einen Mixbecher und die unbeschädigten Eigelbe einzeln in vier Tassen gleiten lassen.

2 Kräuter waschen und trocken schütteln. Petersilienblätter von den Stielen zupfen, hacken und mit dem Eiweiß fein mixen. Schnittlauch in feine Röllchen schneiden und unterrühren.

3 In einer Pfanne die Butter zerlassen und darin in 4 Portionen das Kräuter-Eiweiß anstocken lassen (einzeln nacheinander oder in vier Ringen gleichzeitig). In die Mitte einer jeden Por-

tion vorsichtig ein Eigelb gleiten lassen. Die Spiegeleier fertig braten. Dabei mit Salz und Pfeffer würzen. Spiegeleier auf Teller heben und mit frisch gehobeltem Parmesan bestreut servieren.

ZUBEREITUNGSZEIT: 15 MINUTEN

MAKKARONI-
SPIEGELEI

1 Einen Topf mit Salzwasser zum Kochen aufstellen. Die Makkaroni darin bissfest garen, abseihen und abtropfen lassen.

2 In der Zwischenzeit den Backofen auf 200 °C vorheizen. Speckscheiben in Stücke schneiden, auf ein Backblech mit Backpapier verteilen und im heißen Ofen in etwa 10 Minuten goldbraun und knusprig rösten.

3 In einer kleinen beschichteten Pfanne ein Viertel der Butter zerlassen, ein Viertel der Makkaroni darin verteilen und etwas anbraten. Vorsichtig 1 Ei darüberschlagen.

4 Makkaroni-Spiegelei etwa 5 Minuten braten, dabei mit Salz und Pfeffer würzen. Mit dem gebackenen Speck bestreuen. Auf die gleiche Weise 3 weitere Spiegeleier zubereiten.

ZUBEREITUNGSZEIT: 45 MINUTEN

Zutaten
für 4 Personen

Salz
150 g Makkaroni
100 g Frühstücks-
    speck (in dün-
    nen Scheiben)
75 g Butter
4 Eier (Größe L)
Pfeffer

RUSSISCHE EIER

1 Eier in etwa 8 Minuten hart kochen. Kalt abschrecken und pellen.

2 Die Eier halbieren. Eigelbe herauslösen, in eine Schüssel geben und mit einer Gabel fein zerdrücken.

3 Mayonnaise, Senf, je 1 Prise Salz und Curry zufügen. Alles gründlich miteinander verrühren und in einen Spritzbeutel mit Sterntülle geben.

4 Eierhälften mit der Eigelbcreme füllen. Etwas Cayennepfeffer darüberstreuen und mit frisch geschnittener Kresse garniert servieren.

ZUBEREITUNGSZEIT: 25 MINUTEN

Zutaten
für 4 Personen

6 Eier (Größe L)
100 g Mayonnaise
1–2 TL Senf
Salz, Currypulver
Cayennepfeffer
Frische Gartenkresse
   zum Bestreuen

BAUERNBROT
MIT RÜHREI
UND MINZE

1 Eier mit Sahne verquirlen und mit Salz und Pfeffer würzen. Minze waschen, die Blättchen abzupfen und in feine Streifen schneiden.

2 Backofengrill vorheizen. Brotscheiben mit zwei Drittel der Butter bestreichen und unter dem Backofengrill von beiden Seiten goldbraun rösten.

3 Die restliche Butter in einer Pfanne zerlassen, verquirlte Eier hineingeben und unter regelmäßigem Umrühren stocken lassen.

4 Rührei auf die gerösteten Brotscheiben verteilen und mit den Minzestreifen bestreuen. Mit Salz und Pfeffer bestreut servieren.

ZUBEREITUNGSZEIT: 20 MINUTEN

Zutaten
für 4 Personen

5 Eier (Größe L)
50 g Sahne
Salz, Pfeffer
2–3 Zweige Minze
8 Scheiben Bauernbrot
75 g Butter

Übrigens . . .

Diese einfache, aber leckere Eierspeise kenne ich von meinem lieben Freund Johann! Er erzählte mir, dass er die Rühreier mit Minze schon seit Kindertagen liebt. Bei ihm zu Hause auf dem Bauernhof bereitete seine Mutter die Rühreier als kleine Stärkung zwischendurch immer mal wieder für den kleinen Lafer zu.

SOLEIER

Übrigens...

Die Soleier halten sich bei kühler Lagerung einige Wochen, werden aber mit der Zeit etwas salziger. Am liebsten mag ich die Soleier mit einer leckeren Senfsauce. Wie diese zubereitet wird, steht im nachfolgenden Rezept (Seite 104).

Zutaten
für 4 Personen

12 Eier
4-5 Zweige Dill
1 große rote Chilischote
1-2 Lorbeerblätter
50 g Salz
2-3 TL Honig
1 TL Kümmelkörner
2 TL schwarze Pfefferkörner
2-3 TL Senfsaat
3-4 Wacholderbeeren
3-4 Pimentkörner

1 Eier mit einer feinen Nadel an der runden Seite anstechen, damit sie beim Kochen nicht platzen. In einem ausreichend großen Topf Wasser zum Kochen bringen. Die Eier darin in 10 Minuten hart kochen, kalt abschrecken und pellen. Dillzweige waschen. Die Chilischote längs halbieren.

2 Gepellte Eier mit Dill, Lorbeer und Chilischote in ein großes Einmachglas schichten.

3 Salz, Honig, Kümmel, Pfefferkörner, Senfsaat, Wacholder und Piment in einem Mörser grob zerstoßen und zusammen mit 1 Liter Wasser aufkochen. Die Mischung etwas abkühlen lassen und noch warm über die Eier gießen, sodass alles vollständig bedeckt ist.

4 Eier mindestens 24 Stunden, besser 2–3 Tage im Kühlschrank in der Salzlauge ziehen lassen.

ZUBEREITUNGSZEIT: 35 MINUTEN + 2–3 TAGE MARINIERZEIT

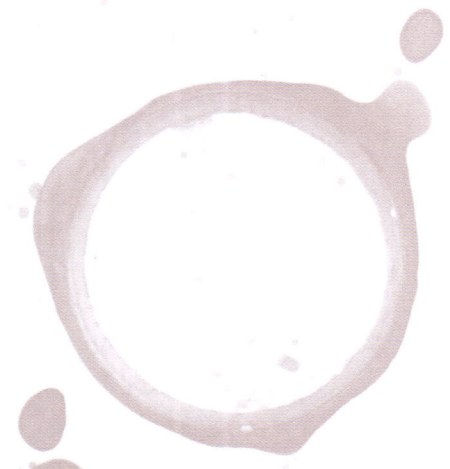

SOLEIER
MIT SENFSAUCE

1 Schalotten schälen, fein würfeln und in zerlassener Butter anschwitzen, sie sollen aber keine Farbe annehmen. Die Schalotten mit Mehl bestäuben und mit Brühe und Sahne aufgießen. Die Sauce etwa 10 Minuten leise etwas einkochen lassen.

2 Senf unterrühren und die Sauce kurz mit einem Pürierstab durchmixen. Mit Salz und Pfeffer würzig abschmecken.

3 Soleier gut abtropfen lassen und mit der Senfsauce servieren.

ZUBEREITUNGSZEIT: 10 MINUTEN + 10 MINUTEN KOCHZEIT

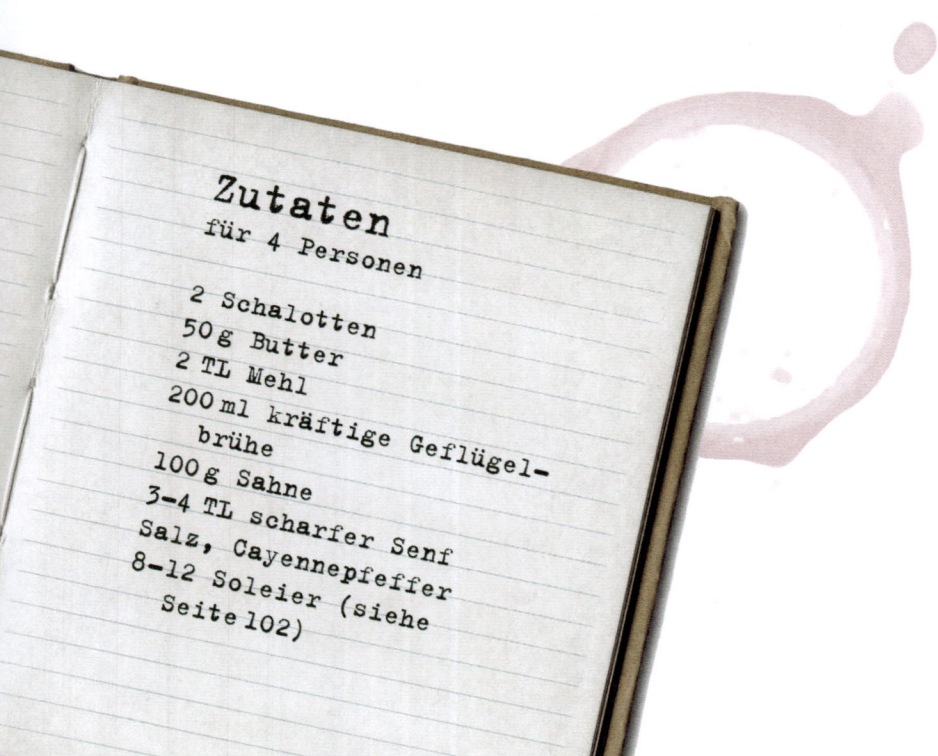

Zutaten
für 4 Personen

2 Schalotten
50 g Butter
2 TL Mehl
200 ml kräftige Geflügel-
brühe
100 g Sahne
3–4 TL scharfer Senf
Salz, Cayennepfeffer
8–12 Soleier (siehe
Seite 102)

Übrigens...

Dazu passen am besten Salzkartoffeln. Wenn's mal schneller gehen
muss, schmeckt auch ein frischer
Kopfsalat dazu, einfach nur mit
etwas Essig und Öl angemacht.

EIERLIKÖR

1 Vanilleschote der Länge nach halbieren und das Mark aus der Schote kratzen. Vanillemark mit den restlichen Zutaten in einen Topf geben und gut verrühren.

2 Die Mischung bei mittlerer Hitze unter ständigem Rühren so lange erhitzen, bis sie cremig und leicht dickflüssig wird.

3 Den Eierlikör mithilfe eines Trichters in heiß ausgespülte Flaschen füllen und im Kühlschrank erkalten lassen. Hier hält sich der Eierlikör etwa 4–6 Wochen.

**ZUBEREITUNGSZEIT: 10 MINUTEN +
2 STUNDEN KÜHLZEIT**

Zutaten
für etwa 750 ml Likör

1 Vanilleschote
6 frische Eigelbe (Größe M)
175 g Puderzucker
250 g Sahne
300 ml Weizenkorn oder Wodka

Übrigens...

Eierlikör wird fester, wenn er längere Zeit steht. Durch Schütteln der Flasche wird er wieder flüssig und lässt sich gut in Gläser gießen.

EIERLIKÖR-GUGELHUPF
MIT SCHOKOLADE

1 Den Backofen auf 180 °C vorheizen. Eine Gugelhupfform (16 cm Durchmesser) mit etwas Butter gleichmäßig ausfetten und mit Mehl bestäuben. Schokolade raspeln.

2 In einer Rührschüssel Butter und Puderzucker in etwa 5 Minuten schaumig schlagen. Nach und nach die Eier unterrühren. Mehl mit Backpulver mischen und unterheben. 225 ml Eierlikör dazugießen und unterrühren. Die Hälfte der geraspelten Schokolade behutsam unterheben. Den Teig in die Form füllen und den Kuchen im Backofen etwa 1 Stunde backen. Herausnehmen, in der Form etwas abkühlen lassen und auf ein Kuchengitter stürzen.

3 Für den Überzug den restlichen Eierlikör mit der Sahne erwärmen. Restliche Schokolade (100 g) nach und nach unterrühren, bis die Schokolade geschmolzen ist. Die Mischung gleichmäßig über den ausgekühlten Gugelhupf gießen. Kuchen für 30 Minuten in den Kühlschrank stellen und den Überzug fest werden lassen.

ZUBEREITUNGSZEIT: 40 MINUTEN + 60 MINUTEN BACKZEIT

Zutaten
für 1 Gugelhupf
(16 cm Durchmesser)

200 g Zartbitterschokolade
225 g zimmerwarme Butter
150 g Puderzucker
3 zimmerwarme Eier
225 g Mehl
1 TL Backpulver
300 ml Eierlikör (gekauft oder selbst gemacht)
75 g Sahne
Butter und Mehl für die Form

HORST
AUF DEM BAUERNHOF

Ganz ehrlich, ich bin auch froh, dass wir Männer nicht mehr Jäger und Sammler sind. Zumindest, was unser Essen angeht. Wir müssen nicht mehr mit einem Speer durch die Wälder ziehen auf der Suche nach einem schönen, mageren Mammut, damit unsere Süße zu Hause nicht schimpft wegen dem dicken Fettrand am Steak. Heutzutage schneidet das natürlich die freundliche Dame an der Fleischtheke akkurat weg, bevor sie uns das gute Filet einpackt. Viele wollen aber auch gar kein Fleisch mehr essen, aus Tierliebe oder weil sie mit der seelenlosen Herstellung von Fleisch nicht einverstanden sind. Dafür habe ich Verständnis, obwohl ich das Verständnis andersherum oft vermisse.

DIE KUH WILL AUF DER WIESE GRASEN

Aber Hand auf den Herd, Kinders – ich liebe Fleisch, das gebe ich an dieser Stelle gerne zu. Als Koch habe ich auf meinem altehrwürdigen Kohleofen Berge von Filetsteaks zart gebrutzelt und an die Besucher meines Restaurants „Oldiethek" verfüttert. Aber eine Sache war mir schon immer sehr wichtig: Wo kommt mein Fleisch her? Und als mein lecker Carpaccio noch ein lebendiges Rind war: Wie hat es gelebt? Vielleicht kommt das daher, weil ich in einem Dorf groß geworden bin. Unser Metzger hat nur die Tiere verarbeitet, die auf den Bauernhöfen

der Umgebung aufgewachsen sind. Da kannte man praktisch jedes Schwein mit Vornamen und hat aus Sympathie eine Gedenkminute für die dicke Jolante eingelegt, bevor man das Kotelett besonders gründlich gekaut und verspachtelt hat. Aber heute?

Der moderne Mensch verliert komplett das Bewusstsein für das gekaufte Pfund Tatar in seinem ursprünglichen Aggregatzustand: als lebendes Rindvieh. Wisst ihr, wo für mich eine glückliche Kuh hingehört? Auf einen guten Bauernhof.

Ich habe schon immer auf dem Land gewohnt. Seit meiner Kindheit gehören ein Bauernhof und Tiere für mich so selbstverständlich zusammen wie Butter und 'ne heiße Pfanne! Aber jetzt frage ich euch mal: Wann habt ihr das letzte Mal Kälber über eine Wiese hüpfen sehen? Ihr wusstet gar nicht, dass Kälber hüpfen und herumtollen? Habt ihr mal den friedlichen Anblick von Schafen genossen, die genüsslich auf einer wilden Wiese grasen? Und mitten unter ihnen ein schwarzes Lamm entdeckt? Was ist mit Schweinen, die sich grunzend und wohlig im Dreck suhlen? Dass Hähne krähen und Hühner zufrieden gackern, darf doch eigentlich nicht zu einem Klischee à la Ferien auf dem Bauernhof verkommen. Kennt ihr das nur noch aus Kinderfilmen? Dann wird es aber höchste Zeit, das zu ändern. Macht euch mal auf den Weg zum nächsten Bauernhof und schaut euch ganz genau um. Ein guter Bauer hat nichts zu verbergen, und eure Kinder werden begeistert sein. Vielleicht

werdet ihr auch aus dem Staunen nicht mehr heraus-
kommen. Ich jedenfalls bin ein großer Fan der stetig
wachsenden Zahl an Bauernhöfen, die ökologische
Landwirtschaft betreiben und ihre Tiere artgerecht
aufziehen. Noch erfreulicher finde ich es sogar, dass
viele dieser Bauern endlich wieder in eigenen Hof-
läden ihr selbst erzeugtes Fleisch, Gemüse und Brot
verkaufen.

ZWEI-, DREIMAL DIE WOCHE REICHT

Herrschaften, ganz klar: Wir müssen uns bewusst
mit unseren Nahrungsmitteln auseinandersetzen,
gerade mit den Tieren, die uns mit Milch, Fleisch
und Eiern versorgen. Wenn wir wollen, dass diese
Nahrungsmittel von hoher Qualität sind und natürlich auf den heimischen Höfen unseres schönen
Landes erzeugt werden, dann können wir ganz einfach etwas tun: Wir verzichten auf unser tägliches
Fleisch.
Das Motto muss heißen: Mehr Genuss durch Verzicht. Wie das gehen soll? Das ist doch ganz einfach:
Wenn wir jeden Tag Unmengen von Fleisch, Wurst,
Burger und Döner in uns hineinstopfen, und das vor
allem möglichst billig, dann sind wir meiner Mei-
nung nach schon nicht mehr auf dem berüchtigten
Holzweg, sondern der vierspurigen Holzautobahn.

Kinders, eins ist doch mal sonnenklar: Fleisch kann
nur durch Massentierhaltung billig verkauft werden. Sicher, billig spielt eine große Rolle, wenn eine
Familie zu ernähren ist. Trotzdem – meine Mama
hat immer gesagt: „Horst, was nix kostet, ist auch
nix." Und meine Mama war eine kluge Frau.
Ich sehe die Sache so: Wenn also billiges Fleisch nix
ist und uns gesundheitlich schadet durch Chemie
oder zu wenig Nährstoffe – dann wäre es doch ziem-
lich klug, weniger billiges Fleisch zu essen, oder?
Lieber zwei- oder dreimal richtig, als siebenmal billig. Ich spare an vielen Dingen und mache viel selber. Aber bei Fleisch nicht. Herrschaften, es gibt so
viele köstliche Alternativen.

HOCH LEBE DER SONNTAGSBRATEN

Guck mal, eine Woche hat sieben Tage: Da kann
es doch auch Spaghetti mit einer frischen Toma-
tensauce oder einem selbst gemachten Pesto geben!
Oder Apfelpfannkuchen? Wie wäre es mit einem
wunderbaren Fischfilet, Salzkartoffeln und Salat?
Lecker Spinat mit herrlich cremigem Kartoffelpüree und Spiegelei? Oder doch lieber Kartoffelsuppe mit frischem Lachs? Eine Gemüsequiche mit
selbst gemachtem Teig wäre auch eine wunderbare
Abwechslung für fleischfreie Tage. Verzicht macht
kreativ, das wussten die armen Leute früher. Und
was glaubt ihr, wie köstlich dann am Wochenende
ein üppiger Sonntagsbraten oder ein feiner Sauerbraten aus richtig gutem Fleisch schmeckt? Dann
rutscht unser richtig leckeres Gulasch von Seite 116
mit dem Genussfaktor zehn über die Geschmacksknospen!
Jeder muss natürlich selber wissen, was das Beste
für Geschmack und Geldbeutel ist. Aber ich möchte
gerade zum Thema Tiere auf dem Bauernhof mit
einem Zitat des Schriftstellers Oliver Hassencamp
enden, welches meine Philosophie mit einem wun-
dervoll schelmischen Augenzwinkern auf den Punkt
bringt: „Was der Bauer nicht kennt, das frisst er
nicht. Würde der Städter kennen, was er frisst, er
würde umgehend Bauer werden."

Sauerampfer
Bd. 0

6

OHNE FLEISCH

GEHT AUCH, ABER MIT SCHMECKT'S EINFACH BESSER

RICHTIG LECKERES
GULASCH

Zutaten
für 6 Personen

800 g milde Gemüsezwiebeln
50 g Butterschmalz
1 kg gut durchwachsenes Rindfleisch (Wade oder Schulter)
2–3 Knoblauchzehen
1 TL Kümmelkörner
25–30 g Paprikapulver, edelsüß
2 EL Tomatenmark
75 ml Rotweinessig
500 ml kräftige Fleischbrühe
2–3 Lorbeerblätter
Je 1 große rote und gelbe Paprikaschote
Salz, Pfeffer

1 Die Zwiebeln schälen und würfeln. Das Butterschmalz in einem breiten Bräter erhitzen und die Zwiebeln darin etwa 20–25 Minuten bei schwacher bis mittlerer Hitze langsam goldbraun schmoren. Dabei gelegentlich umrühren.

2 In der Zwischenzeit das Rindfleisch in etwa 4 cm große Würfel schneiden. Knoblauch schälen und zusammen mit dem Kümmel fein hacken. Paprikapulver mit Tomatenmark, Essig und Fleischbrühe verrühren.

3 Die würzige Paprika-Brühe zu den Zwiebeln in den Bräter gießen und unterrühren. Fleischwürfel, Lorbeerblätter und Knoblauch-Kümmel-Mischung zufügen und unterrühren. Den Bräter zudecken und das Gulasch bei schwacher bis mittlerer Hitze auf dem Herd etwa 2 ½ bis 3 Stunden schmoren.

4 In der Zwischenzeit die Paprikaschoten waschen, halbieren, entkernen und in mundgerechte Stücke schneiden. Die Paprikastücke 1 Stunde vor Ende der Garzeit zum Gulasch geben und mitschmoren.

5 Nach etwa 3 Stunden, wenn die Zwiebeln fast zerfallen sind und das Fleisch zart ist, das Gulasch mit Salz und Pfeffer würzig abschmecken und die Lorbeerblätter entfernen.

ZUBEREITUNGSZEIT: 45 MINUTEN + 3 STUNDEN SCHMORZEIT

SAUERBRATEN
AUF RHEINISCHE ART

1 Rotwein mit Essig, 250 ml Wasser, Lorbeer, Zucker und Nelken in einen Topf geben. Wacholderbeeren andrücken, Pfefferkörner zerstoßen und beides in den Topf geben. Den Gewürzsud einmal aufkochen, vom Herd ziehen und abkühlen lassen.

2 In der Zwischenzeit das Gemüse schälen bzw. putzen, waschen und würfeln. Fleisch abbrausen und mit dem Gemüse in die erkaltete Marinade legen. Das Fleischstück sollte dabei vollständig von der Marinade bedeckt sein. Fleisch zugedeckt im Kühlschrank 2–3 Tage marinieren, dabei täglich einmal wenden.

3 Den Backofen auf 180°C vorheizen. Das Fleisch aus der Marinade nehmen, abtropfen lassen und trocken tupfen. Die Marinade durch ein Sieb gießen. Das aufgefangene Gemüse und die Gewürze für die Sauce verwenden.

4 In einem Bräter das Butterschmalz erhitzen und das Fleisch darin von allen Seiten braun anbraten. Mit Salz und Pfeffer würzen. Herausnehmen und beiseitestellen. Das aufgefangene Gemüse mit den Gewürzen in den Bräter geben und 8–10 Minuten darin anrösten. Tomatenmark zufügen und unter Rühren kurz mitrösten. Mit der Marinade ablöschen. Fleisch in den Sud legen und zugedeckt im Backofen 3 Stunden schmoren. Dabei gelegentlich wenden.

5 Den Braten aus der Sauce nehmen, in 1 cm dicke Scheiben schneiden und zugedeckt in der Restwärme des ausgeschalteten Backofens warmhalten. Den Schmorsud durch ein Sieb in einen Topf drücken und 6–8 Minuten einkochen lassen. Die Sauce mit Zuckerrübensirup, Salz und Pfeffer würzig abschmecken. Wenn die Sauce sämiger sein soll, die Speisestärke in einer Tasse mit wenig kaltem Wasser glatt rühren und in die Sauce einrühren. Einmal aufkochen lassen und das Fleisch damit überziehen. Restliche Sauce in einer Sauciere dazu reichen.

Zutaten
für 6 Personen

750 ml Rotwein
250 ml Rotweinessig
3 Lorbeerblätter
100 g Zucker
3–4 Gewürznelken
2 EL Wacholderbeeren
2 EL schwarze Pfefferkörner
1 große Möhre
1 Stange Lauch
1/4 Knollensellerie
Etwa 1,5 kg Rinderschulter
30 g Butterschmalz
Salz, Pfeffer
2 EL Tomatenmark
2–3 EL Zuckerrübensirup
Etwa 1 EL Speisestärke

**ZUBEREITUNGSZEIT:
45 MINUTEN + 2–3 TAGE MARINIER-
ZEIT + 3 STUNDEN SCHMORZEIT**

Übrigens...

Traditionell werden beim rheinischen Sauerbraten Rosinen in die Sauce gegeben. Ich persönlich mag das ja nicht, aber wie man's richtig macht, verrat ich trotzdem: Damit sie schön prall und saftig sind, sollten die Rosinen etwa 12 Stunden lang eingelegt werden, bevor sie in die Sauce kommen. Für etwa 4-6 Portionen braucht man ungefähr 75 g Rosinen. Zuerst kocht man 75 ml Weinbrand oder Rum, 2-3 EL Zucker und 75 ml Wasser in einem kleinen Topf auf. Dann gibt man die Rosinen hinein, zieht den Topf vom Herd und deckt ihn ab. Die Rosinen müssen dann zugedeckt über Nacht marinieren.

Übrigens...

Dazu schmeckt sehr gut ein feines Petersilienwurzel-Püree:
Dafür zunächst etwa 400g Petersilienwurzeln schälen und würfeln. 500ml Gemüsebrühe aufkochen, Petersilienwurzeln hineingeben und zugedeckt in etwa 15 Minuten weich kochen. In der Zwischenzeit ein Bund Petersilie waschen und trocken schütteln. Die Petersilienblättchen abzupfen. Die gekochten Petersilienwurzeln abgießen und mit den Blättchen und 75g Butter im Mixer sehr fein pürieren. Das Püree mit Salz, Pfeffer und Muskat würzen.

SAUERBRATEN
VOM KALBSBÄCKCHEN

1 Aus Barolo, Essig, Kalbsfond, Zucker und Gewürzen wie beim rheinischen Sauerbraten eine Beize herstellen. Die Kalbsbäckchen halbieren und in der Beize 2 Tage marinieren.

2 Fleisch aus der Beize nehmen, trocken tupfen, salzen und pfeffern. In Mehl wenden und gut abklopfen. In einem Bräter das Butterschmalz erhitzen und die Bäckchen darin von allen Seiten goldbraun anbraten. Die Fleischstücke herausnehmen.

3 Das Wurzelgemüse putzen, schälen und würfeln. In den Bräter geben und 10 Minuten darin rösten. Thymian und Rosmarin waschen und trocken tupfen. Mit Tomatenmark und Lorbeerblättern zum Gemüse geben, kurz mitrösten und mit der Beize ablöschen.

4 Den Backofen auf 180°C vorheizen. Kalbsbäckchen in den Sud im Bräter legen und diesen zugedeckt auf den Boden des heißen Ofens stellen. Bäckchen darin in etwa 2–2½ Stunden weich schmoren.

5 Fleisch aus dem Sud nehmen und warm stellen. Sud durch ein Sieb passieren und mit der runden Seite eines Kochlöffels gut durchdrücken, sodass etwas von dem weichen Gemüse durch das Sieb mitpassiert wird. Die Sauce aufkochen, gewürfeltes Dörrobst und Zuckerrübensirup unterrühren, und die Sauce mit Salz und Pfeffer abschmecken.

6 Zum Servieren die Bäckchen auf eine vorgewärmte Platte legen und mit etwas Sauce überziehen. Die übrige Sauce getrennt dazu reichen.

ZUBEREITUNGSZEIT: 45 MINUTEN + 2 TAGE MARINIERZEIT + 2½ STUNDEN SCHMORZEIT

Zutaten
für 4-6 Personen

500 ml Barolo
150 ml Balsamicoessig
400 ml Kalbsfond
50 g Zucker
3-4 Gewürznelken
1-2 EL Wacholderbeeren
2 EL schwarze Pfefferkörner
8 Kalbsbäckchen
Salz, Pfeffer
Etwas Mehl zum Wenden
30 g Butterschmalz
250 g Wurzelgemüse (Möhren, Sellerie, Petersilienwurzeln)
3-4 Zweige Thymian
2 Zweige Rosmarin
2 EL Tomatenmark
2-3 Lorbeerblätter
100 g klein gewürfeltes Dörrobst (z. B. Pflaumen oder Aprikosen)
2 EL Zuckerrübensirup

SCHWEINE-KRUSTEN-BRATEN

Zutaten
für 4 Personen

Je 2 Möhren und Peter-
    silienwurzeln
1 Stange Lauch
1/4 Knollensellerie
2 EL Schweineschmalz
600 ml kräftige Fleischbrühe
2 kg Schweinebauch
1 Flasche Dunkelbier
75 g kalte Butter

1 Den Backofen auf 130 °C vorheizen. Gemüse putzen, waschen und würfeln. In einem Bräter das Schmalz erhitzen und das Gemüse darin 2–3 Minuten anschwitzen. Die Brühe dazugießen. Schweinebauch abbrausen, trocken tupfen und mit der Schwartenseite nach unten in die Brühe legen. Bräter auf den Boden des Backofens stellen und das Fleisch darin 1 Stunde garen.

2 Die Backofentemperatur auf 160 °C erhöhen. Das Fleisch aus dem Bräter nehmen und die Schwarte im Abstand von etwa 1 cm einschneiden. Das Fleisch mit der Schwartenseite nach oben zurück in den Bräter legen, mit dem Bier begießen und weitere 2 Stunden garen.

3 Den Backofengrill einschalten. Braten unter dem Grill etwa 25 Minuten garen, bis die Schwarte aufplatzt und zu einer knusprigen Kruste wird.

4 Den Braten aus dem Bratensaft herausnehmen und warm stellen. Bratensaft mit Gemüse durch ein Sieb drücken, die kalte Butter zugeben und mit dem Pürierstab untermixen (das ergibt eine schöne Bindung). Das Fleisch in 1 cm dicke Scheiben schneiden und mit der Sauce servieren.

ZUBEREITUNGSZEIT: 30 MINUTEN +
3 ½ STUNDEN GARZEIT

Übrigens...

Dazu passen Bratkartoffeln oder Klöße.
Außerdem gehört für mich zum Schweinebra-
ten ein frischer Krautsalat — am liebsten
mit dünnen Apfelscheibchen und knusprig
gebratenen Speckwürfeln!

Übrigens...

Einen frischen Kopfsalat
mit Tomätchen, Gurken und
Kräutern mag ich dazu am
liebsten.

GEBACKENE SCHEIBEN
VOM ÜBRIGEN BRATEN

1 Das Brot würfeln und in einer Küchenmaschine fein zermahlen.

2 Das Bratenstück mit einem scharfen Messer in etwa 1 cm dicke Scheiben schneiden. Die Scheiben auf beiden Seiten dünn mit Senf bestreichen und in den gemahlenen Brotbröseln panieren.

3 Das Butterschmalz in einer großen, breiten Pfanne erhitzen. Die panierten Bratenscheiben darin auf beiden Seiten in etwa 3–4 Minuten goldbraun ausbacken. Auf Küchenpapier abtropfen lassen.

ZUBEREITUNGSZEIT: 25 MINUTEN

Zutaten
für 4 Personen

Etwa 150 g altbackenes Brot
    (z.B. Baguette, Grau- oder
    Schwarzbrot, Brezeln, etc.)
1 großes Stück übrig gebliebener Braten von Rind, Kalb
    oder Schwein
Etwa 2 EL mittelscharfer Senf
100 g Butterschmalz

SCHMOR-HÄHNCHEN

1 Den Backofen auf 180°C vorheizen. Einen großen Topf mit Wasser zum Kochen aufstellen. Die Kartoffeln gründlich waschen und halbieren. Die Zitrone abwaschen. Kartoffelhälften, Knoblauchzehen und Zitrone im kochenden Wasser etwa 10 Minuten garen. In ein Sieb abgießen und etwas ausdampfen lassen. Die Zitrone und den Knoblauch beiseitestellen.

2 Das Hähnchen innen und außen waschen, trocken tupfen und mit reichlich Salz und Pfeffer einreiben. Den Thymian waschen. Die heiße Zitrone rundherum vorsichtig anstechen. Das Hähnchen mit Olivenöl einreiben, und die Knoblauchzehen, die ganze Zitrone und den Thymian in die Bauchhöhle stopfen. Das Hähnchen in einen Bräter legen und im vorgeheizten Backofen etwa 45 Minuten braten.

3 In der Zwischenzeit den Kürbis waschen, von Kernen und Fasern befreien. Den Kürbis in mundgerechte Stücke schneiden. Den Rosmarin waschen, die Nadeln abzupfen.

4 Den Bräter aus dem Ofen nehmen und das Hähnchen herausheben. Kürbisstücke, vorgegarte Kartoffeln und gezupften Rosmarin in den heißen Bräter geben und in dem Bratensatz einmal durchschwenken. In die Mitte das Hähnchen mit der Brust nach oben hineinsetzen. Das Hähnchen mit dem Gemüse weitere 45 Minuten im Backofen schmoren.

ZUBEREITUNGSZEIT: 25 MINUTEN + 90 MINUTEN SCHMORZEIT

Zutaten
für 4 Personen

1 kg kleine Kartoffeln
1 unbehandelte Zitrone
1 ganze Knoblauchknolle,
    in Zehen zerteilt
1 Bio-Hähnchen (etwa 1,5 kg)
Meersalz, Pfeffer
1 Bund frischer Thymian
Etwa 4–5 EL Olivenöl
Etwa 500 g Hokkaido-Kürbis
4–5 Zweige Rosmarin

METT-
BRÖTCHEN

Mett-Brötchen müssen wirklich absolut frisch sein. Die sicherste Methode, damit das auch so ist? Ganz einfach: Hackfleisch selber machen!

1 Fleisch abbrausen, trocken tupfen und in große Würfel schneiden.

2 Die Gewürze im Mörser zerdrücken und mit 1 ordentlichen Prise Salz unter die Fleischwürfel mischen. Fleisch mit Gewürzen durch den Fleischwolf drehen. Das Mett eventuell noch einmal mit Salz abschmecken.

3 Zwiebeln und Knoblauch schälen, eine Zwiebel und den Knoblauch möglichst fein würfeln und unter das Mett mischen. Petersilie waschen, die Blättchen abzupfen und fein hacken.

4 Die Brötchen halbieren und dick mit dem Mett bestreichen. Die zweite Zwiebel in dünne Ringe schneiden und auf den Brötchen verteilen. Brötchen mit Paprikapulver und Petersilie bestreuen und frisch servieren.

ZUBEREITUNGSZEIT: 25 MINUTEN

Zutaten
für 6 Personen

400 g gut durchwachsenes Schweinefleisch
    (z. B. vom Nacken)
Je 1 TL weiße und schwarze
    Pfefferkörner
2–3 Pimentkörner
Salz
2 Zwiebeln
1 Knoblauchzehe
3–4 Zweige Petersilie
6 Brötchen
Paprikapulver, edelsüß,
    zum Bestreuen

CANAPÉS
MIT RINDERTATAR

|||||||||||||||||||||||||||||||||||||||||||||||||||||||||||||||||||||||||||||||||||||

Jetzt wird's edel!!!

|||||||||||||||||||||||||||||||||||||||||||||||||||||||||||||||||||||||||||||||||||||

1 Rinderfilet klein würfeln, mit Zucker, Salz und Paprikapulver gut vermengen. 15 Minuten kühl stellen und durchziehen lassen. Sardellenfilets und Kapern fein hacken. Das gewürfelte Filet möglichst fein hacken und mit Eigelb, Kapern, Sardellen und Ketchup mischen. Tatar mit Pfeffer würzen.

2 In einer beschichteten Pfanne etwas Öl erhitzen. Die Wachteleier vorsichtig mit einer Messerspitze aufritzen und im heißen Öl bei schwacher Hitze zu kleinen Spiegeleiern braten.

3 Das Butterschmalz in einer Pfanne erhitzen. Je zwei Kreise von etwa 4 cm Durchmesser aus jeder Brotscheibe ausstechen und im heißen Butterschmalz goldbraun und knusprig ausbacken. Auf Küchenpapier abtropfen lassen.

4 Das Tatar auf den Brottalern verteilen, darauf je 1 Wachtelspiegelei legen und mit etwas Schnittlauch bestreut servieren.

ZUBEREITUNGSZEIT: 35 MINUTEN

Zutaten
für 4 Personen

200 g Rinderfilet, ohne Sehnen
Je 1 Prise Zucker und Salz
½ TL Paprikapulver, edelsüß
2 Sardellenfilets
1 TL Kapern
1 Eigelb
1 TL Tomatenketchup
Pfeffer
Rapsöl zum Braten
12 frische Wachteleier
50 g Butterschmalz
6 Scheiben Toastbrot
2 EL Schnittlauchröllchen

MEINE GEFÜLLTEN FRIKADELLEN

1 Vom Brötchen die Rinde abreiben. Das Brötchen würfeln und in der Milch einweichen. Zwiebeln und Knoblauch schälen und fein würfeln. In einer Pfanne die Butter zerlassen und Zwiebeln und Knoblauch darin andünsten. Etwas abkühlen lassen.

2 Das Hackfleisch mit der Zwiebelmischung, Ei, Senf und dem eingeweichten Brötchen in eine Schüssel geben. Alles kräftig mit Salz und Pfeffer würzen, dann mit den Händen gründlich miteinander vermengen.

3 Die Hackmasse und den Cheddar in 6 gleich große Portionen aufteilen. Jede Portion Hackmasse etwas flach drücken, ein Cheddarstück in die Mitte setzen und mit der Hackmasse ummanteln. Mit feuchten Händen zu gleichmäßigen Frikadellen formen. Die Kräuterzweige waschen und trocken tupfen.

4 Das Butterschmalz in einer großen beschichteten Pfanne erhitzen und die Frikadellen darin bei mittlerer Hitze von beiden Seiten anbraten. Die Kräuterzweige zufügen. Dann die Hitze reduzieren und die Frikadellen bei schwacher Hitze etwa 8 Minuten weiterbraten.

ZUBEREITUNGSZEIT: 45 MINUTEN + 10 MINUTEN GARZEIT

Zutaten
für 6 Personen

1 altbackenes Brötchen
100 ml lauwarme Milch
2 Zwiebeln
2 Knoblauchzehen
25 g Butter
500 g gemischtes Hackfleisch
1 Ei
1-2 TL mittelscharfer Senf
Salz, Pfeffer
250 g Cheddar
Je 2-3 Zweige Thymian
    und Rosmarin
30-50 g Butterschmalz

Übrigens...
Mit einem guten selbst gemachten
Kartoffelsalat sind die Frikadel-
len ein Traum!

Übrigens...
Dazu passen wunderbar Salzkartoffeln
und ein Salat von Roter Bete.

KÖNIGSBERGER KLOPSE

1 Brötchen würfeln und in der Milch einweichen. Zwiebel schälen und fein würfeln, den Speck sehr fein würfeln. Petersilie waschen, einige Blättchen beiseitelegen, die restlichen hacken.

2 Speckwürfel mit Zwiebeln und Petersilie in Öl glasig dünsten. Mit dem Hackfleisch in eine Schüssel geben. Sardellenfilets hacken. Brötchenwürfel in ein Sieb gießen, ausdrücken und mit Ei, Senf, 2 TL Kapern und der Hälfte der Sardellenfilets zufügen. Alles verkneten, salzen und pfeffern. Daraus mit angefeuchteten Händen tischtennisballgroße Klopse formen.

3 Kalbsfond mit Lorbeerblättern aufkochen lassen und salzen. Klopse einlegen, die Temperatur reduzieren und die Klopse in 10–15 Minuten gar ziehen lassen.

4 In der Zwischenzeit Champignons putzen, Schalotten schälen, und beides in kleine Würfel schneiden. 1 EL Butter in einer Kasserolle erhitzen, und Champignons, Schalotten, restliche Kapern und Sardellenfilets darin andünsten. Das Mehl unterrühren und mit der Hälfte des Weißweins ablöschen. 250 ml Kalbsfond zufügen, Sahne zugießen, und die Sauce bei mittlerer Hitze um ein Drittel einkochen lassen. Die Sauce mit Salz, Pfeffer und Zitronensaft abschmecken und mit dem Pürierstab aufschlagen.

5 Das Eigelb mit dem restlichen Weißwein verquirlen und unter die heiße Sauce rühren. Die eiskalte Butter untermixen. Die Klopse mit der Sauce auf Tellern anrichten und mit Kapernäpfeln und Petersilienblättchen garnieren.

Zutaten
für 4–6 Personen

1 altbackenes Brötchen
200 ml lauwarme Milch
1 Zwiebel
30 g Bauchspeck
1 Bund glatte Petersilie
Öl zum Braten
400 g Kalbshackfleisch
4 Sardellenfilets
1 Ei
1 TL scharfer Senf
4 TL Kapern
Salz, Pfeffer
Etwa 1,5 l Kalbsfond
1–2 Lorbeerblätter
2–3 Champignons
2 Schalotten
1 EL Butter
4 TL Mehl
100 ml Weißwein
250 g Sahne
Etwas Zitronensaft
1 Eigelb
50 g eiskalte Butter
Kapernäpfel zum Garnieren

**ZUBEREITUNGSZEIT:
60 MINUTEN**

SPAGHETTI BOLOGNESE
AUF MEINE ART

Zutaten
für 4 Personen

2–3 Knoblauchzehen
2 Zwiebeln
3 EL Olivenöl
500 g Rinderhackfleisch
2 EL Tomatenmark
150 ml kräftige Fleischbrühe
250 ml passierte Tomaten
   (Dose oder Glas)
1 Sternanis
2–3 reife Tomaten
Je 2–3 Zweige Thymian und
   Oregano
4 Stängel Basilikum
500 g Spaghetti
Salz, weißer Pfeffer, Zucker
Frisch geriebener Parmesan
   zum Servieren

1 Knoblauch und Zwiebeln schälen und fein würfeln. Das Olivenöl in einer großen, breiten Schmorpfanne erhitzen und Knoblauch und Zwiebeln darin etwa 3 Minuten andünsten. Das Hackfleisch dazugeben und unter Rühren in etwa 6 Minuten krümelig braten. Sobald das Fleisch Farbe angenommen hat, das Tomatenmark unterrühren und etwa 2 Minuten mitrösten.

2 Fleischbrühe, passierte Tomaten und Sternanis untermischen und die Sauce offen etwa 30 Minuten sehr langsam bei schwacher Hitze einkochen lassen, bis sie dickflüssig geworden ist.

3 In der Zwischenzeit die Tomaten waschen und vierteln. Stielansätze und Kerne entfernen und das Fruchtfleisch klein würfeln. Die Kräuter waschen und trocken tupfen. Die Blättchen abzupfen und hacken. Spaghetti in reichlich kochendem Salzwasser bissfest garen und in ein Sieb abschütten.

4 Tomatenwürfel und gehackte Kräuter in die Sauce geben. Sternanis entfernen und die Sauce nochmals kurz aufkochen lassen. Mit Salz, Pfeffer und 1 kräftigen Prise Zucker würzen. Abgetropfte Spaghetti unter die Bolognese heben und mit Parmesan bestreut servieren.

ZUBEREITUNGSZEIT: 45 MINUTEN

KOHLROULADEN,
WIE ES SICH GEHÖRT

1 Die Kohlblätter waschen. Einen Topf mit Salzwasser zum Kochen aufstellen. Die Blätter im sprudelnd kochenden Salzwasser 2–3 Minuten garen, herausheben und in eiskaltem Wasser abschrecken. Die mittlere dicke Blattrippe flach schneiden.

2 Das Brötchen würfeln und in der Milch einweichen. Zwiebel und Knoblauch schälen und fein würfeln. Brötchen ausdrücken und mit dem Hackfleisch in eine Schüssel geben. Zwiebel, Knoblauch, Paprikapulver, Salz, Pfeffer und Ei zufügen und zu einer glatten Masse vermischen.

3 Die Kohlblätter nebeneinander auf der Arbeitsfläche ausbreiten. Die Füllung jeweils auf die Blattmitte verteilen, die Blätter seitlich einschlagen, aufrollen und mit Küchengarn zusammenbinden.

4 Möhren, Petersilienwurzeln und Schalotten schälen und in dünne Scheiben schneiden. Butterschmalz in einem Bräter erhitzen und die Rouladen darin unter mehrmaligem Wenden anbraten, herausnehmen. Gemüse im Bräter goldbraun anbraten. Mit Zucker bestreuen und leicht karamellisieren. Das Gemüse mit Wein und Brühe ablöschen. Thymian waschen, Wacholderbeeren andrücken und mit den Lorbeerblättern zufügen. Die Speisestärke mit 2 EL kaltem Wasser glatt rühren und in die Sauce geben. Butter unterrühren.

5 Kohlrouladen in die Sauce setzen, alles nochmals kräftig mit Salz und Pfeffer würzen. Den Bräter mit einem Deckel verschließen und die Rouladen auf dem Herd bei mittlerer Hitze etwa 25–30 Minuten schmoren. Die Kohlrouladen mit der Sauce anrichten und heiß servieren.

ZUBEREITUNGSZEIT: 45 MINUTEN + 30 MINUTEN SCHMORZEIT

Zutaten
für 6 Personen

6 möglichst große Weiß- oder Spitzkohlblätter
Salz
1 altbackenes Brötchen
200 ml lauwarme Milch
1 große Zwiebel
1–2 Knoblauchzehen
500 g gemischtes Hackfleisch
1–2 TL Paprikapulver, edelsüß
Pfeffer
1 Ei
Je 2–3 Möhren, Petersilienwurzeln und Schalotten
50 g Butterschmalz
1 EL brauner Zucker
150 ml Weißwein
200 ml Fleischbrühe
3 Zweige Thymian
1 EL Wacholderbeeren
2 Lorbeerblätter
1–2 TL Speisestärke
50 g Butter

Übrigens...

Was mir dazu am besten schmeckt?
Ganz klar, natürlich ein leckeres
Kartoffelpüree!

KALBSKOTELETT
MIT KRÄUTERN
UND KNOBLAUCH

1 Den Backofen auf 150°C vorheizen. Koteletts auf beiden Seiten mit Salz und Pfeffer würzen. Die Kräuter waschen, trocken tupfen und grob zerkleinern, die Knoblauchzehen andrücken.

2 Olivenöl mit Butter in einer großen Pfanne erhitzen. Die Koteletts darin zusammen mit den Kräutern und dem Knoblauch auf jeder Seite etwa 4 Minuten anbraten. Koteletts aus der Pfanne nehmen, in eine ofenfeste Form legen und im heißen Backofen in etwa 15 Minuten fertig garen.

3 In der Zwischenzeit den Bratensatz mit Weißwein ablöschen. Kalbsfond angießen und alles um etwa zwei Drittel einkochen lassen, bis die Sauce eine leicht dickflüssige Konsistenz bekommt.

4 Koteletts aus dem Ofen nehmen und in der Sauce schwenken.

ZUBEREITUNGSZEIT: 20 MINUTEN + 15 MINUTEN GARZEIT

Zutaten
für 4 Personen

4 Kalbskoteletts (à 150g)
Salz, Pfeffer
Je 3–4 Zweige Thymian und
    Rosmarin
4 Knoblauchzehen
3 EL Olivenöl
50g Butter
75ml Weißwein
150ml Kalbsfond

KALBSKOTELETTS

MIT SÜSSER ZWIEBELKRUSTE

1 Zwiebeln schälen und klein würfeln. In einem Topf 2 EL Butter zerlassen, die Zwiebeln zugeben und bei mittlerer Hitze unter regelmäßigem Umrühren zugedeckt in etwa 15 Minuten weich schmoren. Dabei mit Zucker bestreuen und die Zwiebeln karamellisieren. Zwiebeln in eine Schüssel umfüllen und abkühlen lassen.

2 In der Zwischenzeit das Toastbrot würfeln und im Mixer fein mahlen. 50 g Butter mit dem gemahlenen Brot zu den weichen Zwiebeln geben. Gut vermischen und mit Salz und Pfeffer abschmecken.

3 Den Backofen auf 130 °C vorheizen. Koteletts salzen und pfeffern und in Butterschmalz rundherum anbraten. In eine ofenfeste Form legen und im Backofen in etwa 15 Minuten langsam rosa garen. Dabei das Fleisch gelegentlich wenden.

4 In der Zwischenzeit den Kürbis waschen, von Kernen und Fasern befreien und samt Schale in dünne Scheiben hobeln. Die rote Zwiebel schälen und in feine Streifen schneiden. Kohlblätter waschen und in mundgerechte Stücke schneiden. Kürbis, Zwiebeln und Spitzkohl in einer breiten Pfanne in heißem Öl etwa 3 Minuten anbraten. Mit Essig ablöschen und die Brühe angießen. Restliche Butter und Honig unterschwenken. Die Stärke mit wenig kaltem Wasser anrühren, in die Sauce einrühren und aufkochen lassen. Mit Salz und Pfeffer kräftig würzen.

5 Koteletts aus dem Ofen nehmen und den Grill vorheizen. Die Zwiebelmasse ½ cm dick auf die Koteletts streichen. Die Koteletts unter dem heißen Grill in etwa 4 Minuten goldbraun gratinieren. Koteletts mit dem Gemüse auf Teller verteilen.

Zutaten
für 4 Personen

2 mittelgroße Zwiebeln
150 g weiche Butter
1 EL Zucker
4 Scheiben altbackenes Toastbrot
4 Kalbskoteletts (à 180 g)
Salz, Pfeffer
3 EL Butterschmalz
250 g Hokkaido-Kürbis
1 rote Zwiebel
6–8 Spitzkohlblätter
2–3 EL Rapsöl
2–3 EL Weißweinessig
100 ml Fleischbrühe
1 EL Honig
1 TL Speisestärke

ZUBEREITUNGSZEIT: 50 MINUTEN

CORDON BLEU
VOM SCHWEINE-KOTELETT

1 Tomaten waschen und in 1 cm dicke Scheiben schneiden. Mozzarella ebenfalls in 1 cm dicke Scheiben schneiden. In die Koteletts seitlich eine Tasche schneiden, die so tief ist, dass die Tomaten- und die Mozzarellascheiben fast vollständig hineinpassen. Koteletts mit je 1 Tomaten- und Mozzarellascheibe füllen und mit je 2 Zahnstochern verschließen.

2 Kräuter waschen und trocken tupfen. Die Blättchen abzupfen. Das Weißbrot in Würfel schneiden und zusammen mit den Kräuterblättchen im Mixer fein mahlen. Die Mischung in einen tiefen Teller füllen. In einem weiteren tiefen Teller die Eier verquirlen, und in einem dritten Teller Mehl zum Wenden bereitstellen. Den Backofen auf 150 °C schalten.

3 In einer breiten Pfanne das Butterschmalz erhitzen. Gefüllte Koteletts mit Salz und Pfeffer würzen, in Mehl wenden, durch das verquirlte Ei ziehen und in der Kräuter-Brot-Mischung panieren. Koteletts im heißen Butterschmalz auf beiden Seiten goldbraun backen und auf Küchenpapier abtropfen lassen. Die Koteletts auf ein Backblech legen und 15 Minuten im Backofen garen.

4 In der Zwischenzeit die Nudeln in kochendem Salzwasser bissfest garen, in ein Sieb abschütten und abtropfen lassen. Die Zwiebel schälen und in feine Streifen schneiden, Rucola putzen und waschen. Beides zusammen mit den Pinienkernen im heißen Olivenöl in einer breiten Pfanne anschwitzen. Dabei mit Zucker bestreuen und leicht karamellisieren lassen. Nudeln unterheben, mit Salz und Pfeffer würzen und zusammen mit den Koteletts auf Portionstellern anrichten.

ZUBEREITUNGSZEIT: 60 MINUTEN

Zutaten
für 4 Personen

2 mittelgroße reife Tomaten
250 g Mozzarella
4 Schweinekoteletts (à 180 g)
Je 2 Zweige glatte Petersilie,
 Basilikum und Oregano
150 g altbackenes Weißbrot,
 ohne Rinde
2 Eier
Mehl zum Wenden
75 g Butterschmalz
Salz, Pfeffer
400 g Nudeln (z. B. Pappardelle,
 Tagliatelle)
1 rote Zwiebel
1 Bund Rucola
3 EL Olivenöl
50 g Pinienkerne
1–2 TL Zucker

SALTIMBOCCA
VON LAMMKOTELETTS

1 Die weißen Bohnen über Nacht in kaltem Wasser einweichen. Am nächsten Tag die Bohnen in ein Sieb abgießen, abbrausen und mit frischem Wasser in einen Topf geben. Zum Kochen bringen und in etwa 30 Minuten weich garen. Bohnen abgießen und abkühlen lassen. Stangenbohnen und Keniabohnen putzen, waschen, in Stücke schneiden und in kochendem Salzwasser bissfest blanchieren. Sofort in Eiswasser abschrecken. Tomaten waschen und halbieren. Mit den Bohnen und den Oliven in eine Schüssel geben und mischen.

2 Zwiebel und Knoblauch schälen, in Streifen schneiden und in 2 EL Olivenöl kurz andünsten. Mit Balsamicoessig ablöschen und zu den vorbereiteten Bohnen in die Schüssel geben. Bohnenkraut waschen und trocken tupfen. Die Blätter von den Stielen zupfen und zusammen mit dem Ahornsirup und restlichem Olivenöl zu den Bohnen geben. Den Salat gut durchmischen und mit Salz und Pfeffer abschmecken. Einige Minuten durchziehen lassen.

3 In der Zwischenzeit die Parmaschinkenscheiben der Länge nach halbieren. Das Fleisch der Lammkoteletts etwas flach drücken und mit je 1 Salbeiblatt belegen. Jedes Kotelett mit 1 Scheibe Parmaschinken umwickeln. Koteletts in restlichem Olivenöl in einer Pfanne auf jeder Seite etwa 4 Minuten braten. Mit Salz und Pfeffer würzen und mit dem Salat in tiefen Portionstellern oder auf einer großen Platte anrichten.

ZUBEREITUNGSZEIT:
45 MINUTEN + EINWEICHEN ÜBER
NACHT + 30 MINUTEN GARZEIT

Zutaten
für 4 Personen

50 g getrocknete weiße Bohnen
150 g breite Stangenbohnen
200 g Keniabohnen
Salz
150 g rote und gelbe Kirschtomaten
Etwa 100 g schwarze Oliven
1 rote Zwiebel
1 Knoblauchzehe
4 EL Olivenöl
2 EL weißer Balsamicoessig
2 Zweige Bohnenkraut
1 EL Ahornsirup
Pfeffer
4–6 Scheiben Parmaschinken
8–12 Lammkoteletts (à 50 g)
8–12 mittelgroße Salbeiblätter

HIRSCHKOTELETT
MIT ROSENKOHL

1 Den Backofen auf 150 °C vorheizen. Hirschkoteletts mit Salz und Pfeffer würzen. Die Kräuterzweige waschen und trocken tupfen, die Wacholderbeeren andrücken. Das Butterschmalz in einer Pfanne erhitzen und die Koteletts mit Rosmarin, Thymian und Wacholder darin auf beiden Seiten anbraten. Fleisch mit Kräutern und Wacholder auf ein Backblech legen und im Backofen in 15 Minuten fertig garen.

2 In der Zwischenzeit den Bratensatz in der Pfanne mit Madeira ablöschen, Wildfond und zerdrückte Pfefferbeeren zufügen, um die Hälfte einkochen. Die Speisestärke mit wenig kaltem Wasser glatt rühren und in die Sauce rühren. Einmal aufkochen lassen und die Sauce salzen. Butter unterrühren und die Sauce warm halten.

3 Einen Topf mit Salzwasser zum Kochen aufstellen. Rosenkohl putzen, waschen und im kochenden Wasser 6 Minuten garen.

4 In der Zwischenzeit Walnusskerne und Toastbrot im Mixer fein mahlen. Rosenkohl mit einer Schaumkelle herausnehmen, in eiskaltem Wasser abschrecken, abtropfen lassen. Die Eier in einem tiefen Teller verquirlen. Rosenkohlröschen in Mehl wenden, durch die verquirlten Eier ziehen und in der Walnuss-Mischung panieren.

5 Das Pflanzenöl in einem Topf erhitzen und die Rosenkohlröschen darin goldbraun ausbacken. Auf Küchenpapier abtropfen lassen und mit Koteletts und Sauce auf Tellern anrichten.

Zutaten
für 4 Personen

4 Hirschkoteletts (à 150 g)
Salz, Pfeffer
2-3 Zweige Rosmarin
4 Zweige Thymian
8 Wacholderbeeren
30 g Butterschmalz
150 ml Madeira
250 ml Wildfond
2-3 TL rote Pfefferbeeren
1-2 TL Speisestärke
50 g kalte Butter
400 g Rosenkohl
100 g Walnusskerne
2 Scheiben Toastbrot
2 Eier
Mehl zum Wenden
Etwa 500 ml Pflanzenöl
zum Ausbacken

ZUBEREITUNGSZEIT: 45 MINUTEN + 15 MINUTEN GARZEIT

Übrigens...

... passt dazu wunderbar ein cremig-buttriges Sellerie-
püree. Dafür zunächst etwa 400 g Knollensellerie schälen,
würfeln und in 500 ml Gemüsebrühe 15 Minuten weich kochen.
Die Flüssigkeit abgießen, Sellerie abtropfen lassen und
zusammen mit 75 g Butter in einem Mixer sehr fein pürieren.
Das Püree mit Salz, Pfeffer und Muskat würzen.

HORST
UND DIE EINMACHGLÄSER

Kinders, ich weiß nicht, wie es euch geht, aber habt ihr nicht auch das Gefühl, dass wir uns mit zunehmendem Alter oft mit schönen Erinnerungen der Kindheit und Jugend verwöhnen? Da kauft man sich noch mal seine Lieblings-Asterix-Hefte nach, singt laut mit, wenn „99 Luftballons" im Radio gespielt wird und schaut wohlig seufzend alte Urlaubsfotos an. Oder man steht plötzlich mit zehn Weckgläsern in der Küche und kocht aus dem Pfund Kirschen, die der freundliche Nachbar vorbeigebracht hat, ein leckeres Kirschkompott. Die ganze Küche duftet so verführerisch, dass selbst meine Süße nicht widerstehen kann und mit dem Löffel aus dem Topf nascht. Ich bin da leider nicht so diszipliniert und muss meistens schon mit dem Finger stippen und schlecken... Aber so schlimm ist das ja auch nicht, wenn es in der Familie bleibt.

MAMAS ERDBEERKONFITÜRE

Einwecken, einrexen oder einmachen ist für viele nur ein Relikt aus den Zeiten unserer Großmütter. Doch für mich werden da schöne Erinnerungen wach: Da sehe ich meine Mama mit der Schürze ihre weltbeste Erdbeerkonfitüre in heißen Töpfen rühren, in die sauberen Gläser umfüllen und laut fluchend nach den Gummiringen suchen, „die doch eben da noch alle gelegen haben"! Aber Einmachen ist nicht nur eine schöne Kindheitserinnerung,

sondern liegt wieder voll im Trend. Ein Trend, der unheimlich viel Spaß macht und mit einer schönen Belohnung für die ganze Mühe aufwartet: Denn die selbst gemachten Marmeladen, Chutneys, Pestos oder Liköre schmecken doch einfach tausendmal besser als die meisten Industrieprodukte. Und alles ist erlaubt: Birnen, Stachelbeeren, Quitten oder Pflaumen. Als Kompott, Gelee oder Konfitüren.
Ich mag auch gerne eingelegte Sachen mit einem leicht mediterranen Flair. Das würzige Einlegen von Gemüse in gutem Olivenöl ist typisch für die Länder rund ums Mittelmeer. Das Öl schließt das Eingelegte luftdicht ab und konserviert so die sommerlich frischen Aromen von Auberginen, Paprika oder Zucchini. Dazu gibt man frische Kräuter oder Gewürze, Knoblauch oder Schafskäse – und fertig ist die griechische Vorspeise! So kommt an einem tristen, graukalten Januartag ein herrlicher Geschmack von Urlaub, Sonne und Sommer auf den Tisch. Dazu ein frisches Weißbrot und ein Gläschen Rotwein ... und schon schlemme ich gedanklich mit Zeus und Aphrodite am Strand von Kreta.

GLÄSER, GUMMIRINGE UND GEDÖNS

Vor allem ist Einmachen wirklich eine einfache Angelegenheit. Was ich auch ganz toll finde: Der Fantasie sind keine Grenzen gesetzt. Wurst Fleisch,

Obst, Gemüse – erlaubt ist, was gefällt. Ihr könnt nach Herzenslust die alten Familienrezepte ausprobieren oder frei nach Schnauze und Geschmack experimentieren. Natürlich braucht man am Anfang der Einmach-Karriere etwas Geduld und Genauigkeit. Die Einweckgläser, Deckel, Stahlklammern und Gummiringe sollten immer picobello gereinigt sein. Twist-Off-Gläser gehen natürlich auch, aber ich bin einfach ein alter Nostalgiker und liebe das ganze Drumherum und Gedöns beim Einmachen.

Am besten macht die ganze Familie mit, denn so bekommen schon die Kinder Lust auf echten Geschmack. Und was gibt es Herrlicheres als morgens seine eigene, mit Mama fabrizierte Lieblingsmarmelade auf einem knusperfrischen Brötchen zu verputzen? Aber abends geht das natürlich auch, denn – wie sage ich immer zu meinem Schatz: Wenn man nachts nichts essen soll, wieso gibt es dann Licht im Kühlschrank?

7

EINGELEGT UND EINGEMACHT –
WAS GUTES FÜR SPÄTER

SÜSS-SCHARFE GEWÜRZ-TOMÄTCHEN

Zutaten
für etwa 4 Gläser à
300 ml Inhalt

2 Knoblauchzehen
2 rote Chilischoten
250 ml Obstessig
200 g Zucker
2–3 Sternanise
3–4 Gewürznelken
2 EL Korianderkörner
2 Zimtstangen
Je 2–3 Zweige Thymian
    und Rosmarin
2 Lorbeerblätter
500 g rote Kirschtomaten
500 g gelbe Kirschtomaten

1 Knoblauchzehen schälen und halbieren, Chilischoten waschen. Beides zusammen mit dem Essig, 250 ml Wasser, Zucker, Gewürzen und Kräutern in einen Topf geben. Aufkochen und etwa 5 Minuten sprudelnd kochen lassen.

2 In der Zwischenzeit die Tomaten putzen, waschen und rundum mit einer Stecknadel mehrmals einstechen.

3 Tomätchen in ein heißes, sterilisiertes großes Einmachglas geben und den kochenden Sud darübergießen. Die Gläser fest verschließen und im Kühlschrank auskühlen lassen. Die Tomaten sollten mindestens 2–3 Tage im Sud ziehen, bevor man sie serviert.

**ZUBEREITUNGSZEIT: 25 MINUTEN +
2–3 TAGE MARINIERZEIT**

EINGELEGTE RADIESCHEN

1 Radieschen putzen und waschen. Zwiebel schälen und in Streifen schneiden.

2 Zwiebelstreifen in heißem Rapsöl anschwitzen. Mit Essig ablöschen und mit 100 ml Wasser auffüllen. Sud vom Herd nehmen und den Grenadinesirup unterrühren. Mit Salz und Pfeffer kräftig würzen.

3 Radieschen in Einmachgläser schichten und mit dem heißen Zwiebelsud übergießen. Gläser verschließen und in den Kühlschrank stellen. Radieschen im Sud mindestens 1 Tag durchziehen lassen.

ZUBEREITUNGSZEIT: 15 MINUTEN + 1 TAG MARINIERZEIT

Zutaten
für etwa 2 Gläser à 250 ml Inhalt

2 Bund Radieschen
1 rote Zwiebel
2 EL Rapsöl
150 ml weißer Balsamico-essig
4 EL Grenadinesirup
Salz, Cayennepfeffer

RADIESCHENBLÄTTER-
PESTO

1 Radieschenblätter gründlich waschen und trocken schleudern. Knoblauch schälen und grob zerkleinern. Haselnüsse grob hacken und in einer Pfanne ohne Fett rösten.

2 Rapsöl mit Knoblauch, etwas Salz, Zitronensaft, Nüssen und Radieschenblättern in den Mixer geben und zu einer Paste pürieren. Parmesan fein reiben und unterheben.

3 Pesto noch einmal abschmecken und in ein Schraubglas füllen. Im Kühlschrank ist das Pesto mindestens 2 Wochen haltbar.

ZUBEREITUNGSZEIT: 15 MINUTEN

Zutaten
für 1 Glas à 200 ml Inhalt

Knackig frische Blätter
    von 2 Bund Radieschen
2 Knoblauchzehen
50 g Haselnüsse
100 ml Rapsöl
Salz
Saft von 1/2 Zitrone
50 g Parmesan

MIXED PICKLES

1 Das Gemüse waschen. Den Blumenkohl in kleine Röschen teilen. Möhren, Petersilienwurzeln, Staudensellerie und Zwiebeln schälen bzw. putzen und in mundgerechte Stücke schneiden bzw. halbieren. Große Zwiebeln in Spalten schneiden. Zucchini in etwa 1 cm dicke Scheiben schneiden und diese nochmals halbieren. Paprikaschoten halbieren und entkernen, die Hälften in etwa 3 cm große Stücke schneiden.

2 Essig mit 250 ml Wasser, Honig und den Gewürzen in einen breiten Topf geben und 2–3 Minuten sprudelnd kochen lassen. Das geschnittene Gemüse in den Sud geben und darin in etwa 5 Minuten zugedeckt bissfest garen.

3 In der Zwischenzeit den Dill waschen. Die Gemüse aus dem Sud heben und mit den Dillzweigen in ein großes oder 3–4 kleinere heiß sterilisierte Einmachgläser schichten. Den Sud noch einmal aufkochen und darübergießen. Die Gläser verschließen. Mixed Pickles am besten kühl und dunkel aufbewahren.

ZUBEREITUNGSZEIT: 30 MINUTEN

Zutaten
für etwa 3 Gläser à 500 ml Inhalt

250 g Blumenkohl
Je 3-4 junge Möhren und Petersilienwurzeln
3 Stangen Staudensellerie
Etwa 8 kleine rote Zwiebeln, ersatzweise 3 normal große rote Zwiebeln
1 mittelgroße Zucchini
Je 1 rote und gelbe Paprikaschote
500 ml Weißweinessig
250 g Honig
2-3 EL Senfkörner
Je 1 EL Korianderkörner und Dillsamen
Je 1 TL Pimentkörner und Wacholderbeeren
1 Bund Dill

GEMÜSEBRÜHE
FÜR DEN VORRAT

Feines aus Resten

1 Gemüsereste gründlich waschen und trocken schleudern. Kräuter abbrausen, trocken schütteln, Blätter abzupfen und grob hacken.

2 Gemüsereste zusammen mit den Kräutern nochmals abwiegen. Es sollen insgesamt genau 350 g sein.

3 Gemüsereste zusammen mit dem Meersalz in den Mixer geben und fein pürieren. Püree in sterilisierte, heiß ausgespülte Einmachgläser füllen und verschließen.

ZUBEREITUNGSZEIT: 10 MINUTEN

Übrigens ...

...bleibt das Püree durch die hohe Salzmenge im Kühlschrank bis zu 1 Jahr haltbar. Es eignet sich hervorragend zum Würzen und Verfeinern von Suppen, Saucen und Vinaigrettes. 1-2 TL Konzentrat, vermischt mit etwa 150 ml kochend heißem Wasser, ergibt im Handumdrehen eine wohlschmeckende Gemüsebrühe.

Zutaten
für 2 Gläser à 200 ml Inhalt

Etwa 350 g Gemüsereste
(Schalen und Strunk
von Möhren, Petersilien-
wurzeln, Sellerie,
Paprikaschoten, Blumen-
kohl, Kohlrabi...)
2-3 Zweige glatte Petersilie
1-2 Zweige Selleriegrün
2 Zweige Liebstöckel
50 g grobes Meersalz
(genau abwiegen)

EINGEMACHTE
PFIRSICHE

1 Pfirsiche und Rosmarin waschen. Weißwein mit 250 ml Wasser, Zitronensaft und -schale, Zucker und Rosmarin in einen Topf geben. Einmal aufkochen lassen und die Hitze reduzieren.

2 Pfirsiche halbieren und den Kern entfernen. Die Pfirsichhälften in den leicht kochenden Sud geben und darin etwa 1 Minute zugedeckt pochieren. Pfirsiche herausnehmen, in kaltem Wasser abschrecken und vorsichtig die Haut abziehen.

3 Pfirsichhälften mit den Rosmarinzweigen in zwei große oder mehrere kleine Einmachgläser schichten. Den Sud erneut aufkochen, Amaretto untermischen und die Flüssigkeit kochend heiß über die Pfirsiche gießen. Die Gläser sofort verschließen.

4 Verschlossene Gläser in einen großen Topf stellen und mit so viel Wasser auffüllen, dass die Gläser bis zur Hälfte darin stehen. Die Gläser sollen weder die Topfwand noch sich gegenseitig berühren. Topf auf den Herd stellen und das Wasser auf 80 °C erhitzen. Topf zudecken und die Gläser darin etwa 15 Minuten sterilisieren.

**ZUBEREITUNGSZEIT: 30 MINUTEN +
15 MINUTEN STERILISIEREN**

Zutaten
für etwa 3 Gläser à
500 ml Inhalt

8-9 mittelgroße, nicht
   zu weiche Pfirsiche
4-5 Zweige Rosmarin
500 ml Weißwein
Saft und Schale von
   1 unbehandelten Zitrone
200 g Zucker
150 ml Amaretto

PFIRSICH MELBA À LA LICHTER

Zutaten
für 6 Personen

2 Vanilleschoten
250 ml Milch
250 g Sahne
200 g Zucker
5 Eigelbe
600 g reife Himbeeren
Saft von 1/2 Zitrone
Etwa 75 g Amaretti
6 eingemachte Pfirsich-
    hälften (siehe Rezept
    Seite 169)

1 Für die Eiscreme die Vanilleschoten der Länge nach halbieren, das Mark auskratzen und zusammen mit den Schoten in einen Topf geben. Milch, Sahne und 100 g Zucker zufügen und aufkochen. Den Topf vom Herd nehmen und die Vanillemilch 10 Minuten ziehen lassen.

2 Die Eigelbe unterrühren, die Mischung auf den heißen Herd stellen und so lange rühren, bis die Masse eine cremig-dickflüssige Konsistenz bekommen hat. Die Eigelbcreme durch ein feines Sieb in eine Schüssel gießen und etwas abkühlen lassen. In eine Eismaschine gießen und in etwa 30 Minuten cremig-fest gefrieren lassen.

3 In der Zwischenzeit zwei Drittel der Himbeeren mit dem restlichen Zucker und dem Zitronensaft in einen Topf geben und etwa 2 Minuten kochen lassen. Das Himbeerpüree durch ein Sieb streichen und abkühlen lassen.

4 Zum Anrichten die Amaretti grob zerbröseln. Jeweils 1–2 EL Himbeersauce auf Dessertteller verteilen, die restlichen Himbeeren und die Amaretti daraufstreuen. Je 1 eingelegte Pfirsichhälfte auf die Sauce setzen, darauf 1 große Kugel Vanilleeis geben. Die übrige Himbeersauce über das Eis gießen und das Dessert sofort servieren.

ZUBEREITUNGSZEIT: 35 MINUTEN + 30 MINUTEN GEFRIERZEIT

Übrigens...

Wer keine Eismaschine hat,
kann die Eiscreme auch in
einer Metallschüssel im
Tiefkühlfach gefrieren.
Dann die Creme gelegentlich
mit einem Spatel umrühren
und so innerhalb von etwa
5 Stunden gefrieren.

PORTWEIN-PFEFFER-
KIRSCHEN

Zutaten
für 4 Gläser à 400 ml Inhalt

1 kg reife Sauerkirschen
2–3 EL schwarze Pfefferkörner
1 unbehandelte Orange
750 ml roter Portwein
50 g Honig
75 g Zucker
1 Zimtstange

1 Kirschen waschen, Stiele mit eine Schere etwas kürzen. Jede Kirsche rundherum mit einer feinen Nadel mehrmals einstechen. Die Kirschen in die Einmachgläser füllen.

2 Pfefferkörner zerstoßen. Die Orange waschen und abtrocknen. Die Schale dünn herunterschälen und in feinste Streifen schneiden. Die Orange halbieren, den Saft auspressen und mit Portwein, Honig, Zucker, Zimtstange und Pfeffer in einen Topf geben und aufkochen lassen. Den heißen Sud über die Kirschen in die Gläsern gießen und die Gläser fest verschließen.

3 Gläser in einen großen Topf stellen und mit so viel Wasser auffüllen, dass die Gläser bis zur Hälfte darin stehen. Die Gläser sollen weder die Topfwand noch sich gegenseitig berühren. Topf auf den Herd stellen und das Wasser auf etwa 80°C erhitzen. Topf zudecken und die Gläser darin in etwa 15 Minuten sterilisieren.

**ZUBEREITUNGSZEIT: 25 MINUTEN +
15 MINUTEN STERILISIEREN**

SCHWARZE NÜSSE

Zutaten
für 5 Gläser à 400 ml Inhalt

1 kg grüne, unreif geerntete
   Walnüsse
1 kg Zucker
6 Gewürznelken
2 Vanilleschoten
4 Sternanise
1 Zimtstange
2 EL Nussschnaps

1 Walnüsse waschen, rundherum mit einer feinen Nadel mehrmals einstechen und 7 Tage in kaltes Wasser einlegen. Dabei das Wasser täglich zweimal wechseln. Während dieser Zeit werden die Nüsse allmählich schwarz.

2 Nach 7 Tagen die Nüsse in reichlich kochendem Wasser in etwa 40 Minuten weich garen. Abseihen und 30 Minuten ausdampfen lassen.

3 600 g Zucker mit 1 l Wasser aufkochen. Vanilleschote der Länge nach aufschlitzen, das Mark auskratzen und zusammen mit der Schote, den übrigen Gewürzen und den gekochten Nüssen zufügen. Erneut aufkochen lassen. Den Topf vom Herd ziehen und die Nüsse über Nacht im Sud durchziehen lassen.

4 Nüsse aus dem Gewürzsud nehmen und in sterilisierte Einmachgläser füllen. Den restlichen Zucker zum Gewürzsud geben. Den Sud aufkochen, dann abkühlen lassen und über die Nüsse in den Einmachgläsern gießen.

5 Nussschnaps leicht erwärmen, anzünden und über die Nüsse verteilen. Gläser verschließen und an einem dunklen Ort aufbewahren. Nach etwa 1 Monat haben sie das optimale Aroma erreicht.

**ZUBEREITUNGSZEIT:
60 MINUTEN + 7 TAGE WÄSSERN +
1 MONAT MARINIERZEIT**

Übrigens...

...wird der Rumtopf traditionell im Juni angesetzt, wenn die ersten Erdbeeren reif sind. Danach folgen im Monatsrhythmus die jeweils reifen Früchte und Beeren bis in den späten Herbst. Ab dem ersten Advent kann man dann die Früchte genießen. Mein Rezept ist zwar schneller zubereitet – je reifer die Früchte allerdings sind und je länger man sie durchziehen lässt, umso aromatischer sind sie später.

RUMTOPF
À LA LICHTER

1 Zucker mit 150 ml Wasser in einen Topf geben und etwa 5 Minuten kochen lassen, dabei ab und zu umrühren, damit sich der Zucker löst. Sirup abkühlen lassen, Rum unterrühren.

2 Die Orangen schälen, sodass auch das Weiße der Schale mit entfernt wird. Geschälte Orangen filetieren. Aprikosen oder Pflaumen, Äpfel und Birnen waschen, entsteinen bzw. das Kernhaus entfernen, und die Früchte in Spalten schneiden. Erdbeeren waschen, putzen und halbieren. Übrige Beeren waschen und trocken tupfen.

3 Die Früchte schichtweise in ein heiß ausgespültes Einmachglas füllen. Dabei darauf achten, dass das feste Obst, wie etwa Äpfel, Birnen oder Pflaumen, zuunterst liegen. Darauf dann schichtweise die weicheren Beeren bzw. Orangenfilets. Den Rumsud darübergießen. Das Glas verschließen und in den Kühlschrank stellen. Früchte mindestens 1 Woche durchziehen lassen.

**ZUBEREITUNGSZEIT: 25 MINUTEN +
1 WOCHE MARINIERZEIT**

Zutaten
für 1 Glas à 2 l Inhalt

300 g Zucker
250 ml Rum
2 Orangen
4–5 Aprikosen oder Pflaumen
Je 2 Birnen und Äpfel
Je etwa 200 g Erdbeeren,
    Himbeeren, Heidelbeeren,
    Brombeeren

SCHOKOLADEN-GEWÜRZ-CREME
MIT RUMFRÜCHTEN

1 Schokolade klein hacken. Gelatine 5 Minuten in kaltem Wasser einweichen. Sahne mit Zucker und Lebkuchengewürz in einen Topf geben und aufkochen lassen. Den Topf vom Herd ziehen.

2 Die eingeweichte Gelatine ausdrücken und in der heißen Sahne auflösen. Nach und nach die gehackte Schokolade unterrühren und in der Sahne schmelzen.

3 Sechs Dessertgläser bis zur Hälfte mit der Creme füllen und für 2 Stunden in den Kühlschrank stellen. Zum Servieren mit den marinierten Rumfrüchten auffüllen.

ZUBEREITUNGSZEIT: 20 MINUTEN + 2 STUNDEN KÜHLZEIT

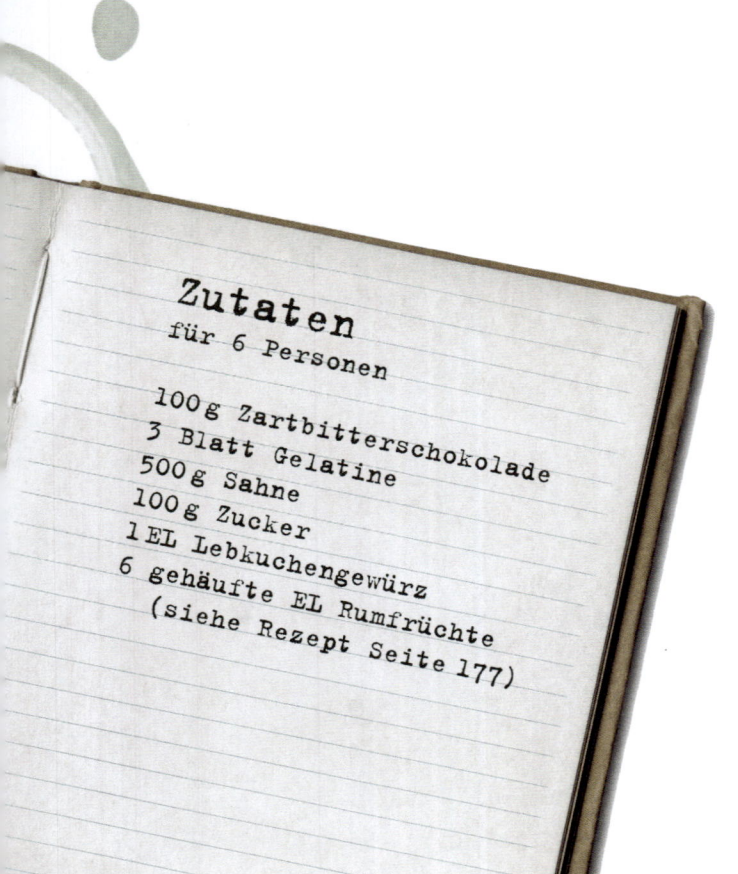

Zutaten
für 6 Personen

100 g Zartbitterschokolade
3 Blatt Gelatine
500 g Sahne
100 g Zucker
1 EL Lebkuchengewürz
6 gehäufte EL Rumfrüchte
(siehe Rezept Seite 177)

ERDBEER-ROSEN-
MARMELADE

1 Erdbeeren waschen, putzen und würfeln. Rosenblüten etwas zerbröseln und mit Erdbeerwürfeln, Zitronensaft und 100 ml Wasser in einen Topf geben. Die Erdbeeren erhitzen und bei mittlerer Hitze etwa 6–8 Minuten leise kochen lassen.

2 Erdbeerpüree durch ein feines Sieb in einen Topf streichen. Gelierzucker unterrühren und die Marmelade wieder erhitzen. Sobald das gesamte Kochgut sprudelnd kocht, auf die Uhr schauen und alles 5 Minuten kochen lassen. Dabei gelegentlich umrühren.

3 Die Marmelade noch heiß in Gläser füllen, verschließen, abkühlen lassen und dann im Kühlschrank auskühlen lassen.

ZUBEREITUNGSZEIT: 25 MINUTEN

Verpackung aus
100% Altpapier

Füllgewicht
250 g

Zutaten
für etwa 5 Gläser à 150 ml
Inhalt

500 g reife Erdbeeren
4 EL getrocknete persische
   Rosenblüten
Saft von 1 Zitrone
300 g Gelierzucker 1:1

Übrigens...

Die getrockneten Rosenblüten bekommt
man im Gewürzhandel, im orientalischen
Lebensmittelladen oder im Internet.

HORST UND DAS MOHRENKOPFBRÖTCHEN

Kinders, ist euch das auch schon mal passiert? Du siehst im Fernsehprogramm die Ankündigung eines alten Films, über den du dich als zehnjähriges Kerlchen kaputtgelacht hast. Du erinnerst dich daran, wie du Mama und Papa angebettelt hast, dass du ein bisschen länger aufbleiben darfst. Beim Spülen hast du freiwillig geholfen und dein Zimmer sah auf einmal nicht mehr aus wie ein Gemischtwaren-Schrotthandel nach dem Einschlag eines Meteoriten. Und dann hat Mama trotz strengen Blickes ein Lächeln um die Mundwinkel gehabt und Gott sei Dank endlich Ja gesagt.

DER ZAUBER DER KINDHEIT

Ich sehe mich heute noch auf unserem alten Sofa vor dem Fernseher sitzen, rote Backen vor Aufregung und der ganze Körper wackelte vor Lachen, weil Louis de Funès wieder cholerisch alles vermasselte. 43 Jahre später sitze ich wieder erwartungsfroh vor dem Fernseher und stelle etwas ernüchtert fest: Der Zauber der Kindheit will sich nicht einstellen, nur ab und zu verziehe ich das Gesicht und lächele – aber nur über die Bilder von früher im Kopf. Der Geschmack des Humors hat sich natürlich verändert, so einfach ist das. Aber nicht immer verändert sich etwas! Denkt mal an euren süßen Zahn. Ein paar der sensationellen kulinarischen Geschmäcker von früher stellen sich heute noch genauso ein

wie damals, man muss ihnen nur mal eine neue Chance geben. Viel zu oft vergessen wir im stressigen Berufsalltag und unserem ewigen Vernünftig-sein-Modus, wie einfach ein leckerer Gruß aus der Kindheit uns ein herrliches Vergnügen bereiten kann.

Neulich stand ich in meiner Lieblingsbäckerei und vor mir bestellte ein kleiner Junge mit leuchtenden Augen ein Mohrenkopfbrötchen. Als er heißhungrig ins Brötchen biss, guckte ich dem glücklich mampfenden Kerlchen immer noch so fasziniert zu, dass ich die höfliche Frage der Verkäuferin: „Was darf es denn sein?" überhaupt nicht mitbekam. Nach der dritten Frage habe ich die gute Frau angestrahlt und nur mühsam die Worte herausbekommen: „Das will ich auch! Geben sie mir bitte ein Mohrenkopfbrötchen!"

DAS GLÜCK FÜR 60 CENT

Was für ein Fest! Draußen habe ich mich auf eine Bank gesetzt und den prächtigen Mohrenkopf fast zärtlich mit den zwei Brötchenhälften zerdrückt, bis der süße, weiße Schaum schon fast sinnlich aus dem knusprigen, duftenden Brötchen hervorlugte. Und dann den Mund so weit auf wie möglich und einen großen Happen abbeißen. Ein süßer Traum explodierte in meinem Mund. Die Masse aus lecke-

rem Teig und Mohrenkopf vorsichtig auf der ganzen Zunge ausbalancieren und dann den klebrigen
Schaum von der Schnute lecken – das war einfach
ein unbezahlbarer Augenblick eines altbekannten
Kindheitsgenusses, wie ich ihn schon längst vergessen hatte. Doch halt – unbezahlbar war er Gott sei
Dank und getrommelt eben nicht! 60 Cent für so
einen köstlich kostbaren Genuss, so gut und billig
habe ich schon lange nicht mehr gegessen.

SPIELEN WIE DIE KINDER

Manchmal frage ich mich, warum wir Erwach-
senen so oft die schönen Erlebnisse vergessen. Da
muss ein Bundesgerichtshof bemüht werden wegen
„Lärmbelästigung durch spielende Kinder"! Wenn
ich so was lese, dann begreife ich die Welt nicht
mehr. Hallo, geht es noch? Haben diese Menschen,
die sich belästigt fühlen, als Kinder nie gespielt?
Vor Freude gejohlt und gelacht? Sind die nie mit

glühenden Wangen total verdreckt, aber unendlich glücklich nach Haus zum Abendbrot gekommen? Und überhaupt: Wie soll denn leise spielen gehen? Das klingt doch schon traurig und langweilig. Wieso vergessen wir so viele Sachen, die wir als Kinder geliebt haben? Warum ziehen wir uns beim nächsten Regenguss nicht mal wieder die Gummistiefel an und springen Hand in Hand mit unserem Schatz in eine große, tiefe Pfütze! Backen

lecker Waffeln, versuchen Sahne von der eigenen Nasenspitze zu lecken und spielen bei einer dampfenden Tasse Kakao mal wieder „Mensch ärgere Dich nicht"? Wann seid ihr das letzte Mal mit der ganzen Familie zur Eisdiele gefahren, um eine Riesenportion Spaghetti-Eis mit Sahne und weißen Schokostreuseln zu verputzen? Natürlich ist Apfelschorle gesünder, aber so eine eiskalte Tüte Capri-Sonne kann manchmal einfach mehr Glückshormone produzieren. Auch oder gerade, weil es so herrlich ungesund ist.

Ich finde es auch schade, dass es kaum noch Bäcker oder Krämerläden gibt, in denen man sich noch eine gemischte Tüte voller Kostbarkeiten selber zusammenstellen kann: Mit Cola-Fläschchen, den kleinen Kirsch-Lollies mit dem dünnen grünen Stiel, Karamellbonbons, sauren Gurken, Lakritzschnecken und einer Leckmuschel. Wir nannten das immer drei Stunden Glück für eine Mark. Ich könnt' heulen vor Freude, wenn ich nur dran denke.

MIT MARZIPAN VOR DEM FERNSEHER

Ein anderer, fast schon heiliger Leckerbissen meiner Kindheit im Rheinland ist das gute Marzipan von Zentis aus Aachen. Was habe ich das geliebt! Als ich vor ein paar Monaten zu Dreharbeiten für „Bares für Rares" in Köln war, überfiel mich wie aus dem Nichts ein Heißhunger auf Marzipan. Also habe ich mir am nächsten Tag erst mal ein dickes Stück Zentis-Marzipan gekauft. Wie einen kostbaren Goldschatz habe ich es tagsüber in meiner Jacke gehütet und abends im Hotel wohlig schmatzend im Bett beim Fernsehen verspachtelt. Das war zwar kalorienmäßig vielleicht nicht die beste Idee, aber sehr, sehr lecker. Und als ich mir dann noch vollgefuttert mit leichtem Bauchgrummeln meine leicht schimpfende Mama im Himmel vorgestellt habe – Horsti, du Schleckermaul, hast du etwa das ganze Marzipan vertilgt? –, da war ich noch eine Spur glücklicher und bin zufrieden eingeschlafen.

Herrschaften, tut mir und euch einen ganz großen Gefallen – vergesst bitte nicht eure Kindheit! Kauft doch mal wieder ein Mohrenkopfbrötchen! Oder eine Brausetüte! Aufreißen, den Finger anlutschen, reinstippen und auf der Zunge herrlich prickeln lassen. Was für ein Vergnügen! Was immer euch als Kind begeistert geschmeckt hat, könnt ihr doch wieder probieren. Oder mit euren Kindern oder Enkeln zusammen kochen und essen.

Es gibt so viele Leckereien: selbst gemachter Schokopudding, Marmorkuchen, Marzipanbrote, Buttermilch mit Stippzwieback und frischen Erdbeeren, himmlisches Rhabarberkompott mit lecker Vanillesauce – was damals gut war, schmeckt auch heute noch. Es wird nicht euer Schaden sein, das könnt ihr mir glauben. Denn wie sagte schon Goethe so wahrhaftig: „Wenn man seine Kindheit bei sich hat, wird man nie älter."

REZEPTREGISTER

IMPRESSUM

© 2015 GRÄFE UND UNZER VERLAG GMBH, München

ISBN: 978–3–8338–4540–6

Projektleitung: Regina Denk
Redaktion und Lektorat: Dorothea Steinbacher
Korrektorat: Petra Bachmann
People- und Foodfotografie: Mathias Neubauer
Foodstyling: Andreas Neubauer

Umschlaggestaltung und Innenlayout:
Martina Baldauf // herzblut

Satz: Nadine Thiel, kreativsatz, Baldham
Herstellung: Markus Plötz

Druck:
Firmengruppe Appl, Wemding

Bindung:
conzella, Pfarrkirchen

2. Auflage 2015
www.graefeundunzer-verlag.de

 www.facebook.com/gu.verlag

GRÄFE UND UNZER

Ein Unternehmen der
GANSKE VERLAGSGRUPPE